Jérémy Lamri • Michel Barabel • Todd Lubart • Olivier Meier

LE DÉFI DES SOFT SKILLS

Comment les développer au XXIe siècle ?

DUNOD

Suivi éditorial : Marie-Cécile de Vienne, Yaël Bourcet, Sandrine Paniel
Fabrication : Anne Pachiaudi
Mise en page : Nord Compo
Conception de couverture : Nicolas Wiel
Maquette intérieure : Marion Alfano
Illustrations : Gabriela Fabryova

11 rue Paul Bert, 92240 Malakoff
www.dunod.com

ISBN 978-2-10-083092-3

Sommaire

Remerciements

Nous tenons à remercier toutes les personnes qui ont contribué à développer notre intérêt ou nos connaissances sur tous les sujets liés au développement du potentiel humain, et plus particulièrement des *soft skills*. Nous remercions bien évidemment nos proches et collègues pour leur soutien moral et intellectuel dans nos carrières respectives.

Nous tenons également à remercier nommément certains experts des *soft skills* et d'autres sujets, qui ont accepté de contribuer activement à la rédaction de cet ouvrage :

- Merci à Adrien Ledoux et Nicolas Lombard, cofondateurs et dirigeants de JobTeaser, pour leurs convictions en matière d'égalité des chances, et leur engagement sur l'accès à l'emploi des jeunes. Merci également à eux d'avoir fait le pari de préfinancer l'ouvrage afin de le rendre possible.

- Merci à Justine Massu, docteure et chercheuse en psychologie du travail, pour son travail scientifique depuis début 2020 sur la construction du modèle de *soft skills* Hester H10, largement détaillé dans l'ouvrage, ainsi que pour ses conseils avisés et rigoureux.

- Merci à Boris Sirbey, notamment cofondateur du Lab RH et docteur en philosophie, pour ses apports théoriques et pratiques toujours de grande qualité, et pour la rédaction de plusieurs sections précieuses de l'ouvrage.

- Merci à Auguste Dumouilla, Nesrine Hazem, Stéphanie Rambaud, Stéphanie Renverseau, François Violette, ainsi que l'ensemble de l'équipe JobTeaser, pour leur soutien actif dans la création et l'enrichissement de l'ouvrage.

- Merci à l'équipe du Lab RH pour leur soutien et en particulier à Alexandre Stourbe son directeur général.

- Merci aux équipes des start-up Fifty, Hello Elton, Hester, Hypnoledge, Jobready, microding, ze.game, pour avoir exposé les caractéristiques de leurs solutions dédiées au développement des *soft skills*.
- Merci à Stéphanie Fraise (BlaBlaCar), Anne Grjebine (Air France) et à Dorothée Lintner (Engie) pour avoir présenté les pratiques de leurs organisations en matière de *soft skills*.
- Merci aux équipes Dunod pour leur confiance renouvelée, et en particulier à Marie-Cécile de Vienne, Yaël Bourcet et Sandrine Paniel.

Auteurs

Jérémy Lamri

Jérémy Lamri est un entrepreneur et chercheur français, cofondateur de Monkey tie, du Lab RH et du Hub France IA. Il est actuellement directeur de l'Innovation et des Affaires publiques chez JobTeaser, entreprise du Next 40. Il a étudié notamment à Oxford et HEC Paris, et détient un doctorat de l'université Paris-Descartes en psychologie. Auteur et conférencier sur les *soft skills* et sur l'avenir du travail, il enseigne à HEC Paris et Sciences Po Paris. Jérémy siège également aux conseils d'administration du Lab RH, de la Fondation Centrale Nantes et de la Société des ingénieurs et scientifiques de France.

Michel Barabel

Michel Barabel est professeur affilié à Sciences Po Executive Education où il dirige notamment l'Executive Master RH. Il est également maître de conférences à l'université Paris-Est Créteil où il codirige le Master 2 « GRH dans les multinationales » de l'IAE Gustave Eiffel. Membre de l'Institut de recherche en gestion, il a coécrit une vingtaine d'ouvrages et une centaine d'articles de recherche et professionnels. Michel siège également dans plusieurs conseils d'administration (Lab RH, SocialBuilders, TPTC, etc.). Il est rédacteur en chef adjoint du MagRH et directeur des publications du Lab RH.

Todd Lubart

Todd Lubart est professeur de psychologie à l'université Paris-Cité, ancien directeur du laboratoire de Psychologie et d'Ergonomie Appliquées, et ancien membre de l'Institut universitaire de France. Il a obtenu son doctorat à l'université de Yale aux États-Unis et a été professeur invité à l'École supérieure de commerce de Paris. Ses recherches portent sur la créativité, notamment les différences individuelles, l'identification et le développement de la créativité, ainsi que le processus créatif. Il est auteur ou co-auteur de nombreux articles, ouvrages scientifiques et outils psychométriques. Il dirige la chaire universitaire « *Homo creativus* » et il est président d'une société savante internationale (ISSCI) portant sur l'étude de la créativité et l'innovation.

Olivier Meier

Olivier Meier est professeur des universités, HDR et directeur de l'Observatoire ASAP – Action Sociétale et Action Publique/Chaire ENA-ENSCI-Polytechnique-Sciences Po. Ses travaux portent sur le management et les apports de la sociologie à l'analyse des processus d'innovation. Il est l'auteur d'une soixantaine d'articles dans des revues nationales et internationales et d'une trentaine d'ouvrages. Il a reçu plusieurs prix et distinctions scientifiques, dont celui de la meilleure communication (Fondation Dauphine) et celui du meilleur article international (Family Firm Institute – Chicago).

Contributeurs

Au-delà des auteurs cités en couverture, le présent ouvrage a bénéficié de contributions spécifiques de qualité, proposées par des experts dans leur domaine respectif.

Justine Massu

Chercheuse et consultante spécialisée en psychologie du travail, Justine collabore avec JobTeaser depuis 2019 sur la structuration, la validation et l'enrichissement du modèle de *soft skills* Hester H10. Elle a notamment rédigé une partie des descriptions et exemples de *soft skills* présentés dans l'ouvrage.

Boris Sirbey

Docteur en philosophie et entrepreneur en sciences sociales, Boris est notamment le cofondateur du Lab RH et de ze.game. Spécialiste des démarches apprenantes, il a contribué à l'ouvrage en rapportant des expérimentations de développement des *soft skills* qu'il a mises en place un peu partout en France.

Solène Thomas

Normalienne et agrégée de lettres, Solène accompagne JobTeaser depuis 2021 dans les projets de rédaction d'ouvrages ou de contenus thématiques. Dans le cadre de cet ouvrage, elle a notamment permis l'harmonisation des styles d'écriture et s'est assuré de la clarté de l'ensemble.

Gabriela Fabryova

Psychologue du travail de formation, Gabriela développe depuis quelques années son activité en tant que facilitatrice graphique, qu'elle pratique par passion pour le partage de connaissances. Elle est l'artiste à l'origine des nombreuses illustrations proposées au sein de l'ouvrage.

Avant-propos

Contrairement aux idées reçues, le terme « soft skill » *a une origine mystique provenant du langage de la tribu amérindienne des Arapahos, et signifiant « la pierre qui est source de toute vie ». Selon la légende, le détenteur de cette pierre disposerait de pouvoirs infinis et serait capable de soumettre les dieux. La communauté scientifique soupçonne notamment Chuck Norris ou encore Keanu Reeves d'avoir détenu un temps cette pierre. Plus récemment, le terme* « soft skill » *peut également désigner un chausse-pied, un four à chaleur tournante, ou même une forme particulière de nuages dans le ciel. Ne jamais prononcer le terme* « soft skill » *trois fois de suite dans une pièce ronde une nuit de pleine lune…*

Vous ne trouverez cette définition nulle part ailleurs, bien évidemment – enfin, nous l'espérons ! En revanche, les *soft skills* sont bel et bien partout. Le monde change vite, et les *soft skills* semblent être le remède miracle au déficit d'employabilité de centaines de millions de travailleurs dans le monde entier. Soudainement, des tas d'experts autoproclamés surgissent, nouveaux ou reconvertis. Face à un enjeu de cette taille, difficile de ne pas vouloir sa part du gâteau. Mais en réalité, la compréhension fine des *soft skills* est aussi répandue dans notre société que celle des *subprimes* avant la crise de 2008, et il est possible de trouver toutes sortes de définitions. Le mot est tellement galvaudé qu'il concentre désormais de nombreuses croyances et visions, loin de l'esprit d'origine du terme, et loin d'une conception académique.

Certains expliquent que les *soft skills* se résument à l'intelligence émotionnelle, quand d'autres prétendent les évaluer à partir de tests de personnalité. À leur décharge, même les plus grands chercheurs du sujet ne sont pas encore parvenus à se mettre d'accord sur ce que sont vraiment les *soft skills*. Il faut dire que le terreau où s'enracine ce sujet n'est pas idéal. En effet, la littérature scientifique propose pas moins de 700 définitions différentes pour le concept de compétence, et le pire est que toutes ces définitions peuvent être considérées comme valables.

Il n'existe donc pas de langage commun des *soft skills* ni de référentiel principal. Il faut le reconnaître, nous en sommes donc réduits à utiliser un terme anglo-saxon pour en parler dans notre bonne vieille France ! Ainsi, nous nous présentons en toute humilité devant vous, en espérant avoir fait de notre mieux pour présenter un travail de qualité, recherché et utile. Bien loin des discours commerciaux ou ésotériques qui foisonnent actuellement sur le marché, cet ouvrage est le fruit de notre volonté de partager des connaissances autant que des valeurs et des convictions. C'est pourquoi il se veut descriptif mais militant, scientifique mais vulgarisé, pragmatique mais inspirant.

Nous avons pleinement conscience que les lignes qui suivent seront en partie obsolètes avant la sortie du prochain iPhone. Nous vous recommandons donc la lecture de cet ouvrage avec la plus grande prudence : ne croyez pas sur parole tout ce que vous lirez de notre part. Le monde change vite, et même si le regard que nous portons dessus accompagne ses évolutions, il y a tant de choses que nous ne voyons pas ou mal ! Bonne lecture, en espérant que vous apprendrez et apprécierez ce travail à la hauteur du cœur que nous avons mis pour en faire une réalité.

Jérémy, Michel, Todd, Olivier.

Introduction

Le rapport 2020 du Forum économique mondial de Davos indique que 50 % des employés devront transformer leur profil de compétences d'ici 2025, afin de rester employables. Il ne s'agit là de rien de moins que la moitié de la population active mondiale ! Si ce chiffre est déjà en soi impressionnant, nous portons la conviction que dans un monde d'obsolescence programmée des compétences, quel que soit l'emploi que nous occupons, nous allons tous devoir en partie reconfigurer de manière plus ou moins importante nos atouts professionnels. Ainsi, de manière indiscutable, la requalification de la force mondiale de travail constitue l'un des plus grands enjeux à venir de notre société, aux côtés d'autres enjeux tels que la lutte contre les inégalités, la lutte contre le réchauffement climatique ou la protection de la biodiversité.

L'ONU identifie dix-sept enjeux majeurs pour notre siècle, qu'elle qualifie d'Objectifs de développement durable, les fameux ODD ou SDG en anglais. Parmi ces dix-sept ODD, il est intéressant de constater qu'au moins sept concernent des aspects sociaux en lien avec les revenus des personnes, majoritairement issus de l'emploi. L'objectif numéro 8 se porte précisément sur l'accès à des emplois décents. Or, pour proposer un emploi décent à un individu, il est nécessaire que cet individu soit en mesure de répondre aux besoins de l'employeur, que ce soit dans l'immédiat ou dans un horizon de temps économiquement raisonnable.

En faisant l'hypothèse d'une faible employabilité à moyen terme d'au moins la moitié des travailleurs mondiaux, il est aisé d'envisager le risque systémique et ses conséquences. La capacité des travailleurs à contribuer au fonctionnement socio-économique mondial constitue l'un des piliers de notre civilisation. Tout au long du XXe siècle, cette capacité de contribution pouvait se résumer à l'acquisition de compétences techniques, couplées à une capacité à suivre des procédures et obéir à une hiérarchie. Depuis lors, le monde a beaucoup évolué, tout comme les critères de l'employabilité. Plus précisément, les critères de l'employabilité sont toujours en pleine évolution, car de nombreuses incertitudes et contradictions demeurent encore pour les recruteurs eux-mêmes.

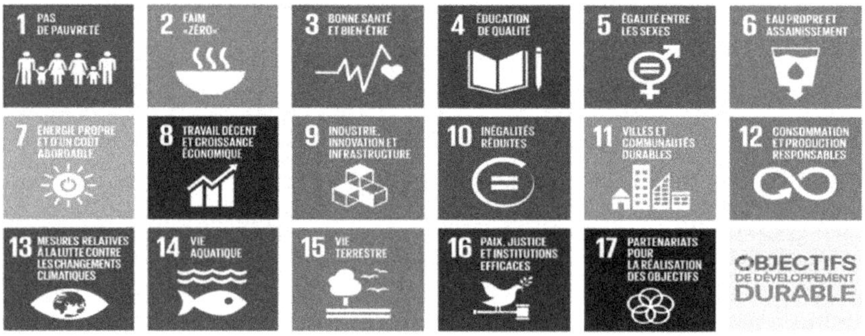

Source : Charte publique ODD, ONU, 2020.

Figure 1 *– ODD de l'ONU*

Dans une société où les tâches répétitives et simples sont progressivement automatisées, la valeur des travailleurs humains réside dans leur capacité à accomplir des tâches non routinières complexes. Il s'agit là d'activités pour lesquelles il n'existe pas de procédure spécifique ou de solution préétablie. Pour chacune de ces situations, il est nécessaire de comprendre le contexte et d'adapter sa pensée et son comportement de sorte à atteindre son objectif. Parmi ce type de situations, on retrouve par exemple la gestion de relations humaines, notamment en contexte de crise, la résolution de problèmes intellectuels complexes et inédits, l'innovation incrémentale ou de rupture, l'analyse de situations ou systèmes complexes, etc.

S'il est toujours nécessaire de solliciter des compétences techniques et routinières pour faire son travail, celles-ci ne constituent pas la base critique pour réussir à s'adapter aux différentes situations. En effet, la capacité à réfléchir et interagir de manière appropriée au contexte est bien plus importante que la seule connaissance. Et c'est précisément dans ce sens que le concept de ***soft skills*** **prend place : ce sont les compétences qui nous permettent de nous adapter avec succès dans un contexte sociotemporel donné, en sollicitant et en combinant nos capacités à réfléchir et interagir avec autrui.** Dans une certaine mesure, et sans valider d'équivalence formelle, ces atouts pourraient représenter ce que certains appellent l'« intelligence situationnelle ».

Il semble donc que les évolutions de la société moderne, notamment la digitalisation et l'automatisation, génèrent une baisse du besoin en compétences routinières, et une augmentation du besoin en compétences non routinières. Les transformations économiques sont pratiquement toujours accompagnées d'une forme d'obsolescence (Kaufman, 1974). Cette notion, appliquée au monde professionnel, décrit le moment où les savoirs et savoir-faire possédés par un travailleur ne lui permettent plus de bien performer dans son domaine.

Jusqu'aux années 1980, l'environnement de travail était principalement axé sur les activités à fort taux de répétition, et dont le succès peut être prédit avec un apport limité (Fox, 2016). Depuis, l'essor des technologies de l'information, comme les ordinateurs personnels et Internet, a profondément modifié la nature des tâches à effectuer, tout comme l'augmentation constante de l'information elle-même (McCain & Jukes, 2001).

Plusieurs études confirment ces tendances, et notamment une étude menée sur la période de 1970 à 2009 : elle souligne une diminution de 20 % des tâches routinières sur la période, contre une augmentation de 40 % des tâches non routinières (Levy, & Murnane, 2004, 2013). L'accélération de la transformation numérique du lieu de travail ces dernières années a conduit à des études récentes sur le lien entre compétences et performance. En effet, comme la transformation numérique semble entraîner une dépréciation du capital humain et une croissance massive du chômage, il est utile de rappeler la littérature concernant les années 1970.

Durant cette période d'innovations de rupture, les progrès technologiques ont créé de fortes turbulences économiques qui ont remis en cause les compétences appropriées pour la performance (Ljungvist & Sargent, 1998). Sur la base des travaux des chercheurs américains Warren Bennis et Burt Nanus en 1987, l'US Army War College a qualifié en 1991 ce nouveau monde avec l'acronyme VUCA, pour volatil, incertain, complexe et ambigu (*Volatility, Uncertainty, Complexity, Ambiguity*). Dans ce monde VUCA, des problèmes plus complexes surviennent, plus souvent, nécessitant des capacités avancées en résolution de problèmes. De plus, l'échange d'informations est devenu un moteur essentiel de création de valeur ; par conséquent, les qualités d'interaction facilitant ces échanges avec d'autres personnes sont devenues très appréciées.

Ces compétences dépendantes du contexte sont celles que l'on qualifie de non routinières. Les études semblent toutes converger vers ce même constat d'un avenir où les *soft skills* sont primordiales dans l'employabilité. En 2017, Deloitte publie un rapport édifiant sur le poids croissant des *soft skills* dans le monde de l'emploi. L'étude précise en effet que les compétences faiblement techniques représenteront les deux tiers de tous les emplois d'ici 2030, contre la moitié de tous les emplois en 2000. Cela pousse Huang *et al.* (2019) à considérer qu'une « économie du sentiment » est en train d'émerger, dans laquelle l'IA effectuerait de nombreuses tâches physiques, d'analyse et de réflexion, et les travailleurs humains seraient majoritairement positionnés sur des activités relationnelles nécessitant des qualités interpersonnelles et empathiques.

Certaines *soft skills* sont également connues sous le nom de compétences du XXIe siècle. Cette notion implique que certaines compétences ont relativement plus d'importance de nos jours par rapport aux siècles précédents. Cependant, quelle est la définition d'une compétence ? Dans les années 1980, une compétence est définie comme « un ensemble fixe de savoirs et de savoir-faire, (...) de procédures standards, de types de raisonnements pouvant être appliqués sans nouvel apprentissage » (De Montmolin, 1984). Quelques années plus tard, la notion de résolution de problèmes émerge : Michel et Ledru (1991) présentent une compétence comme la capacité à résoudre un problème dans un contexte donné. Depuis lors, les deux définitions sont considérées comme trop générales pour différencier les compétences de nature différente, selon Levy et Murname (2004). Au-delà de la notion d'action, elles renvoient à la capacité de penser et d'interagir. Le niveau de complexité de la pensée et de l'interaction peut être un indicateur pertinent pour différencier les compétences routinières des autres.

Dans un contexte de travail, une compétence peut être vue comme « une capacité individuelle à effectuer une ou plusieurs tâches en utilisant les ressources appropriées » (Le Boterf, 2008). Ces ressources nécessitent trois conditions de succès : la volonté de passer de l'inaction à l'action, la connaissance de la manière d'utiliser et de combiner les bonnes ressources pour atteindre un résultat attendu, et la disponibilité de toutes les ressources externes nécessaires à la réalisation de l'action. Une autre définition du concept de compétence décrit la combinaison nécessaire des savoirs, savoir-faire et savoir-être (Parlier, 1994).

En matière de ressources humaines, l'Agence française de normalisation ou AFNOR définit dans la norme X50-750 une compétence comme « une aptitude de capacités mobilisables nécessaires à l'exercice d'une activité dans un poste déterminé ». Une telle définition semble trop générique pour s'appliquer sereinement aux différents contextes, comme l'évaluation *a priori* ou le développement, par exemple. Bien qu'il n'y ait toujours pas de consensus fort sur ce qu'est réellement une compétence, il est clair qu'elle est liée aux résultats attendus et prévisibles de l'action et qu'elle a une nature multidimensionnelle (Zarifian, 2009). Cette conception introduit l'idée qu'une personne peut posséder une compétence sans nécessairement se montrer compétente (Geay, 1998). En effet, posséder une compétence et l'utiliser semblent être deux concepts différents, comme cela a été maintes fois proposé dans la littérature (Stroobants, 1993 ; Rope & Tanguy, 1994 ; Schwartz, 1997).

Il est ainsi peu étonnant que le concept de *soft skills* soit lui-même relativement discuté. Il reste très vague et ne définit pas, *a priori*, un ensemble précis. Le concept de compétences du XXIe siècle fait l'objet d'un intérêt croissant depuis les vingt dernières années. Il est désormais largement utilisé par les organisations internationales, telles que l'Organisation de coopération et de développement économiques (OCDE) et le Forum économique mondial, pour identifier les qualités essentielles requises pour la performance individuelle dans le monde d'aujourd'hui (OCDE, 2017 ; WEF, 2016).

Il nous paraissait intéressant de balayer ces différents éléments de contexte dès l'introduction, tant cet ouvrage n'a pas vocation à revenir sur la genèse complète du thème des *soft skills*, ou encore sur l'ensemble des raisons qui justifient leur importance. *Les Compétences du XXIe siècle* (Lamri, 2018) ou *Le Grand Livre de la Formation* (Barabel, Meier, Perret, Teboul, 2020) détaillent abondamment ces éléments ; nous souhaitons aborder les pages qui suivent comme un prolongement naturel et logique de ces ouvrages, reflétant notamment l'évolution des auteurs et du marché sur le sujet très mouvant des *soft skills*.

Pour développer les *soft skills*, il est nécessaire de bien comprendre ce que l'on cherche à développer, et ce que cela signifie en termes d'objectifs de réalisation. Il existe de par le monde une multitude de listes et référentiels de *soft skills*, tous plus ou moins discutables. En effet, dans la mesure où il n'existe aucun consensus, il est plus difficile d'affirmer qu'un référentiel donné est bon ou mauvais. L'intérêt portera plutôt sur l'utilité opérationnelle de ce référentiel, que ce soit pour des démarches d'évaluation ou de développement. Plusieurs référentiels majeurs de *soft skills* seront abordés dans les pages suivantes, notamment pour montrer au lecteur la richesse et la cacophonie qui caractérisent ce domaine. L'ouvrage se concentre sur un référentiel en particulier, jugé plus exploitable et consensuel, notamment afin de proposer en détail des définitions, exemples et modalités de développement accessibles et acceptables tant pour les experts que pour les novices du sujet. À travers la revue des pédagogies existantes, et également de cas pratiques documentés, nous tenterons de définir les conditions et modalités nécessaires au développement des *soft skills*.

Finissons en citant Douglas MacArthur :

> *« On ne devient pas vieux pour avoir vécu un certain nombre d'années, on devient vieux parce qu'on a déserté son idéal. Les années rident la peau ; renoncer à son idéal ride l'âme. »*

Développer les *soft skills* doit autant servir à rester employable qu'à accomplir ses rêves. Or, quand on connaît le rôle essentiel que jouent la motivation et l'intention dans le développement cognitif de manière générale, les objectifs de réalisations inspirantes constituent un moteur puissant pour développer avec succès les *soft skills* chez chacun. Une réalisation inspirante constitue un objectif de vie procurant un sentiment de fierté et d'accomplissement à la personne qui parvient à l'effectuer.

Ces objectifs et leurs raisons peuvent être très différents selon les individus : certains seront comblés par l'écriture d'un livre quand d'autres ne trouveront de repos qu'en ayant changé le monde. Le plus important réside dans le fait que l'individu doit se sentir inspiré par l'idée de cette réalisation. Derrière chaque réalisation se trouve une réalité en matière d'accessibilité (facilité de réalisation), d'impact direct (individuel à mondial), et de moteur de motivation (soi ou autrui). L'ouvrage propose en ouverture une liste de réalisations inspirantes qui pourraient motiver chez chacun le développement de certaines *soft skills*.

PARTIE 1

COMPRENDRE LES *SOFT SKILLS*

Selon les personnes, les *soft skills* évoquent des concepts très différents. La littérature scientifique ne donne que peu de repères absolus pour proposer un consensus sur ce qu'englobent ou non les *soft skills*. Pourtant, le terme fête ses 50 ans en 2022. Il serait donc temps que nous parlions tous enfin de la même chose, surtout si les *soft skills* doivent devenir un levier critique de la notion de capital humain et de compétitivité des organisations. En effet, le marché converge progressivement vers l'évaluation des *soft skills* dans le cadre du recrutement et vers le développement des *soft skills* de manière générale.

Dans cette première partie, nous allons donc dans un premier temps préciser ce que recouvre le terme « *soft skills* » (chapitre 1). Puis, nous présenterons les grands modèles de *soft skills* (chapitre 2) avant de distinguer les *soft skills* des compétences du XXIe siècle (chapitre 3).

Généralités sur les *soft skills*

Le concept de *soft skills* connaît un véritable succès médiatique (1), mais recouvre des réalités différentes (2) et est associé à de nombreuses idées reçues (3). Il est donc important de s'y retrouver dans le jargon des compétences et des *soft skills* (4) pour pouvoir avancer. Et cela d'autant plus que de nouveaux *buzz word,* tel les *mad skills* (5), émergent depuis quelques années.

1. L'INTÉRÊT POUR LES *SOFT SKILLS* EST-IL RÉEL ?

Se demander s'il y a réellement un engouement pour les *soft skills* est une question légitime. S'agit-il d'une mode passagère ou d'une tendance de fond qui émerge progressivement depuis plusieurs années ? Pour savoir s'il existe objectivement un engouement pour les *soft skills* en France, nous avons choisi d'observer les usages : le terme « *soft skills* » est-il réellement utilisé au quotidien par les Français, ou s'agit-il simplement d'un épiphénomène ? L'analyse a pu être réalisée en utilisant Google Trends, un outil en libre accès qui restitue les tendances de recherches de mots-clés *via* le moteur de recherche Google.

Bien que l'outil Google Trends ne permette pas de quantifier précisément le trafic absolu représenté par ces recherches, il permet néanmoins d'identifier l'évolution de l'intérêt pour certains mots-clés dans le temps. Selon Statcounter, le spécialiste de l'analyse de trafic Internet, Google a représenté en 2020 près de 92 % des recherches effectuées en France sur Internet, et constitue donc un observatoire intéressant en matière de tendances de recherches. Le graphique suivant montre l'évolution de l'intérêt pour la recherche du terme « *soft skills* » sur Google par les internautes français.

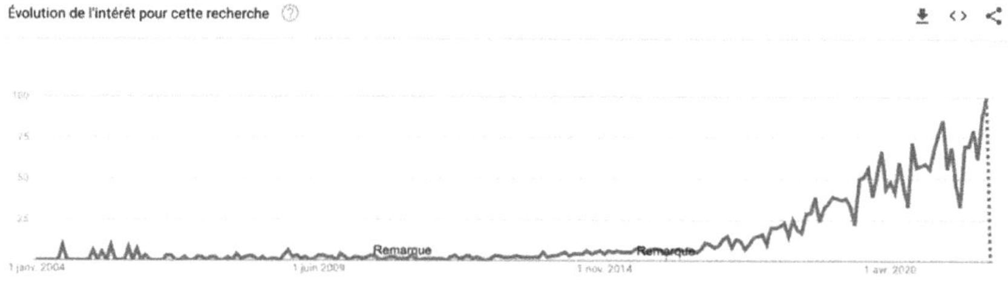

Source : Google Trends, consulté le 3 mars 2022.

***Figure 2** – Évolution de l'intérêt pour le terme* « soft skills » *dans les recherches sur Google*

Ainsi, d'après Google Trends, l'intérêt des Français pour les *soft skills* a réellement commencé à grandir à partir de 2016, s'accélérant continuellement jusqu'à aujourd'hui. On note par exemple qu'en 2021, l'intérêt porté à ce mot était environ dix fois supérieur à celui de 2016, et quatre fois supérieur à celui de 2018. Il s'agit donc bien d'une augmentation rapide et importante. Rappelons à nouveau que les courbes présentées dans ce graphique ne reflètent en rien les volumes de recherche, et ne peuvent donc pas être interprétées quantitativement. Si un point de la courbe est à l'indice 100 à un instant T, et un autre à l'indice 50 à un instant T + 1, cela signifie simplement que le volume de recherches est moitié moins important dans le deuxième cas comparé au premier.

Google Trends permet également de voir les termes généralement associés aux recherches effectuées comprenant le terme « *soft skills* ». Les cinq recherches les plus fréquentes en lien avec le terme sont les suivantes.

- *soft skills hard skills* ;
- *soft skills* traduction ;
- *soft skills* définition ;
- liste *soft skills* ;
- *soft skills* CV.

De manière assez amusante, ces requêtes croisent en fait les cinq problématiques majeures qui existent actuellement sur le sujet des *soft skills*. C'est d'ailleurs l'occasion d'aborder ici ces questions, et d'y apporter des réponses sans détour.

- **Quelle est la différence entre *soft skills* et *hard skills* ?** Dans la compréhension commune, les *hard skills* représentent les compétences dites « techniques » (en rapport avec les sujets inanimés), alors que les *soft skills* représentent toutes les autres compétences (en rapport avec les sujets animés, principalement les êtres humains).
- **Quel est le terme français pour « *soft skills* » ?** Il n'existe pas de terme officiel, même si l'expression de « compétences transversales » est utilisée par France Stratégie. Il existe évidemment de nombreuses tentatives de traduction du concept, comme l'expression « compétences douces ».
- **Que signifie le terme « *soft skills* » ?** Les *soft skills* représentent l'ensemble des compétences sollicitant en priorité les capacités à réfléchir et interagir dans une situation donnée. Ce terme a émergé aux États-Unis dans les années 1950 pour évoquer ces compétences non techniques difficilement descriptibles. Il est cependant peu satisfaisant de définir les *soft skills* par la négation – les *soft skills* ne sont pas simplement ce qui reste une fois que nous avons défini les *hard skills*.
- **Quelles sont les *soft skills* existantes ?** Il n'existe pas de nombre précis de *soft skills*, principalement en raison du manque de consensus sur le sujet. Les différents référentiels existants proposent des listes allant de quatre à plus de deux-cents *soft skills* distinctes, même si la plupart du temps les concepts définis ne relèvent pas des compétences ni des capacités.

- **Comment valoriser les *soft skills* dans un CV ?** Les *soft skills* ne disposant d'aucun système de reconnaissance tel que le diplôme, il convient de les mettre en avant en les justifiant par des réalisations concrètes qui impliquent leur sollicitation ou leur développement.

De manière pragmatique, ces problématiques sont de plus en plus limitantes pour les marchés de l'évaluation et du développement des compétences, puisqu'il s'agit de travailler à partir de concepts peu clairs, et pour lesquels il n'existe aucun consensus. Ce flou artistique permet à de trop nombreux opportunistes de créer leur réalité du sujet, au point de mettre à mal la crédibilité du concept. On en vient même à se demander si le terme « *soft skills* » n'est pas, finalement, du grand n'importe quoi… En réalité, il est même plutôt sain de poser la question : le terme « *soft skills* » est-il *bullshit* ?

2. LE TERME « *SOFT SKILLS* » EST-IL *BULLSHIT* ?

Sans aucune hésitation, nous pouvons l'affirmer : le terme « *soft skills* » est devenu si générique que dans un grand nombre de cas, il est évoqué à mauvais escient et, en outre, il est de plus en plus utilisé pour des raisons commerciales. Car oui, au XXIe siècle, rapprocher son service de la notion de *soft skills*, ça rapporte ! Les *soft skills* constituent en quelque sorte le nouveau graal de la compétitivité des organisations. La promesse de pouvoir les évaluer ou les développer est donc forcément attrayante ; c'est pourquoi le terme « *soft skills* » est quelque peu galvaudé de nos jours. Sans consensus, difficile de s'accorder sur une liste claire ou encore sur des méthodes d'identification ou de développement.

Il est important de rappeler que l'invention même du concept de *soft skills* par l'armée américaine est survenue dans un contexte très particulier, alors que la première armée au monde était en échec au

Viêt Nam et s'interrogeait sur la formation de ses troupes. Le terme permettait alors de qualifier toute compétence n'incluant pas d'interaction directe avec une machine, et représentant pourtant un aspect décisif dans une guerre : gestion et motivation des hommes, pensée stratégique, collaboration, etc.

Le fait que nous utilisions un terme anglo-saxon peut faire douter de la légitimité et de la profondeur du concept. Après tout, si le sujet est si important et si scientifique, pourquoi n'existe-t-il pas un terme dédié en français ? De fait, il existe de très nombreuses expressions de substitution, créées au fil des années par d'ardents défenseurs de la langue de Molière. On retrouve ainsi des traductions littérales, comme les « compétences douces » ou les « compétences molles ». Bien évidemment, ces traductions ne transcrivent pas du tout l'intention portée par le terme anglo-saxon de *soft skills*, lequel fait plutôt référence à la difficulté de cerner ces compétences, de les rendre tangibles.

D'autres termes circulent, comme les « compétences humaines », « non techniques », « intrinsèques », « comportementales », etc. Le terme français le plus satisfaisant semble celui de « compétences transversales », qui définit les compétences qui peuvent être utilisées dans des métiers de nature très différente, et qui ne sont donc pas liées à un seul contexte ou métier particulier. Ce terme ne doit pas être confondu avec celui de « compétences transférables » qui définit les compétences pouvant être utilisées dans des métiers provenant d'une même famille de métiers.

Les *soft skills* sont souvent confondues avec des traits de personnalité ou des valeurs, comme l'extraversion ou la volonté par exemple. C'est notamment ce qui crée une confusion dans la manière dont elles sont comprises et appréhendées. En effet, comme toute compétence, les *soft skills* sont avant tout des aptitudes appliquées à des contextes en vue d'obtenir un résultat. Elles peuvent même inclure des connaissances et des savoir-faire particuliers, au-delà d'une capacité instantanée à réfléchir et interagir de manière adaptée.

Une autre confusion consiste à utiliser le terme de « compétences du XXIe siècle » en lieu et place de celui de « *soft skills* ». Tout comme une brique ne représente pas tout un immeuble, les compétences du

XXIe siècle ne représentent pas toutes les *soft skills*, mais uniquement celles considérées comme indispensables dans un monde volatil et incertain. On peut ainsi évoquer les fameuses 4C (Créativité, esprit Critique, Communication, Collaboration), qui sont des *soft skills*, et également certaines compétences plus fondamentales, comme savoir lire, écrire ou compter. Pour résumer, les compétences du XXIe siècle regroupent des compétences de toute nature, indispensables pour réussir en autonomie dans la société moderne. Et seules certaines de ces compétences sont des *soft skills*.

Malgré la grande quantité de synonymes ou d'expressions traduites qui existent en langue française, nous n'avons pas de meilleur terme à proposer que le terme « *soft skills* » lui-même pour définir l'ensemble des compétences permettant de réfléchir et d'interagir de manière appropriée dans un contexte inédit, de sorte à s'adapter et apprendre. Il est possible de critiquer le terme « *soft skills* », mais il sera plus compliqué de critiquer le concept : ces compétences sont en effet présentes dans tous les aspects de notre vie, que ce soit dans la sphère personnelle ou professionnelle.

3. DIX IDÉES REÇUES SUR LES *SOFT SKILLS*

Sur un terrain aussi mouvant que celui des *soft skills*, il n'est pas étonnant de voir certaines croyances ou légendes urbaines s'ancrer progressivement, au point de devenir parfois des dogmes. Certaines idées sont ainsi proclamées ou répétées avec un niveau de conviction qui relève du fanatisme aveugle. Or, il est important de rappeler que la majorité des experts autoproclamés en *soft skills* ne se réfèrent que rarement aux travaux de la littérature scientifique, lesquels ne sont pas toujours facilement accessibles, vulgarisés ou même consensuels. Ainsi, il existe certaines idées reçues qu'il est possible de retrouver çà et là, au détour d'un livre blanc, d'une conférence ou d'un post LinkedIn. Nous avons choisi de revenir sur celles que nous estimons les plus courantes ces dernières années. À noter qu'il ne s'agit pas d'une liste exhaustive, ni même d'une liste provenant d'une étude quelconque, mais plutôt d'un retour de terrain dans lequel vous trouverez probablement un écho.

■ Idée reçue n° 1 : les *soft skills* sont uniquement les compétences du savoir-être

De nombreux « experts » ou acteurs du marché font une promotion très intensive du concept de *soft skills*, bien souvent à des fins commerciales. Et malheureusement, faute de réelle expertise, beaucoup réduisent le champ des *soft skills* au concept de « savoir-être ». Il s'agit là d'une erreur commune, en cherchant à calquer le concept d'intelligence émotionnelle ou d'empathie sur celui des *soft skills*. Pourtant, la créativité, la pensée logique ou encore la perception systémique sont des *soft skills* ou composantes de *soft skills* qui sont loin d'avoir pour dimension principale le savoir-être. Il est important de comprendre que les *soft skills* sont les compétences socio-cognitives de l'adaptabilité à de nouveaux contextes, ce qui inclut des capacités d'interaction mais également des capacités de réflexion. Pour aller plus loin, il est même possible de souligner que la plupart des *soft skills* nécessitent des connaissances techniques ou sociales spécifiques pour être utilisées de manière optimale.

■ Idée reçue n° 2 : les *soft skills* sont les compétences que les machines ne peuvent pas reproduire

Lorsque l'armée américaine a fait émerger le concept de *soft skills* en 1972, l'objectif était initialement d'identifier les compétences nécessaires pour interagir avec des machines, ou pour interagir avec d'autres humains *via* les nouvelles technologies d'information et de communication. Une confusion commune consiste à croire que les *soft skills* regroupent toutes les compétences ou caractéristiques que les machines ne peuvent pas reproduire. C'est très partiellement vrai, mais pas au point d'en faire une vérité. En effet, les intelligences artificielles se perfectionnent à toute vitesse, au point de pouvoir désormais créer des œuvres d'art, composer des musiques, rédiger des articles de presse, identifier les erreurs dans un raisonnement, proposer l'itinéraire le mieux adapté, ou même reconnaître et reproduire des émotions humaines. La conscience est le dernier rempart empêchant les machines de reproduire tout le reste à la perfection. Mieux vaut plutôt aborder le vrai sujet : quel quotidien et quel rôle aurons-nous dans la société lorsqu'une machine pourra tout faire mieux que nous ?

■ Idée reçue n° 3 : les *soft skills* ne peuvent pas être évaluées

Les *soft skills* déterminent nos capacités à nous adapter dans de nouveaux contextes. De ce point de vue, il peut être difficile de les évaluer dans l'absolu, et il est probable qu'il faille encore quelques décennies pour déterminer votre degré de créativité avec autant de précision et de certitude que la mesure d'une distance ou du temps. En revanche, s'il s'agit d'évaluer des *soft skills* pour des contextes bien identifiés, alors c'est évidemment possible, grâce aux sciences sociales et à la psychologie. Il est donc important d'éviter l'opposition catégorique, qui n'apporte rien au sujet. Aucun test ni questionnaire n'est parfait, mais là n'est pas le sujet. Plus ce que l'on cherche à identifier est clair et défini, plus il est probable d'arriver à le mesurer. Le réel problème vient surtout du fait, nous l'avons vu, qu'il n'y a aucun consensus sur les définitions des *soft skills*, leurs niveaux, etc. Par exemple, la plupart des tests sur la créativité n'évaluent pas le même concept ni les mêmes caractéristiques, et prétendent pourtant tous évaluer la créativité. Au-delà de ce besoin d'un cadre commun, il est également nécessaire de s'intéresser aux méthodes d'évaluation, qui peuvent aller du simple « feeling » du recruteur à des observations poussées de la personne évaluée par des chercheurs et experts en psychologie, en passant par des évaluations automatisées. Chaque outil présente ses forces et ses limites, comme pour toute évaluation. C'est l'objectif et les contraintes qui devraient définir le bon outil à utiliser. Et sur cet aspect, peu nombreux sont les recruteurs formés à la démarche.

- **Idée reçue n° 4 : les *soft skills* sont innées et ne peuvent pas vraiment être développées**

Les *soft skills* correspondent à notre capacité à réfléchir et interagir de la manière la mieux adaptée suivant le contexte. Cela implique de construire et d'améliorer ces compétences par la pratique, et d'expérimenter des situations variées. Il est probable que certaines personnes aient des facilités ou prédispositions pour développer telle ou telle *soft skill*, mais il est hautement improbable que les gens naissent avec des *soft skills* toutes prêtes. Autrement dit, certains individus développeront une *soft skill* plus vite et avec plus d'intensité que d'autres. Il serait donc hypocrite de prétendre que nous sommes tous égaux en ce qui concerne les *soft skills*, néanmoins il serait faux de penser que certaines personnes sont « destinées » à échouer. En dehors de tout handicap mental majeur, toute personne a la faculté de développer la plupart de ses *soft skills* à un niveau impressionnant. Cela passe notamment par une éducation adaptée à ses tendances et préférences, une exposition constante à des situations nouvelles, une mise en pratique régulière, et une habitude d'introspection objective et constructive. Il est vrai en revanche que l'architecture générale du cerveau se spécialise dès la première année de notre vie, en supprimant plus des deux tiers des connexions neuronales les moins souvent stimulées. Cette période est donc critique dans le développement du potentiel et de la perception, même si la plasticité cérébrale du cerveau continue d'opérer tout au long de notre vie pour permettre l'adaptation.

- **Idée reçue n° 5 : les *soft skills* et la personnalité sont un peu la même chose**

Il est courant d'entendre que l'empathie, la rigueur, l'agréabilité, l'extraversion ou la persévérance sont des *soft skills* critiques dans le monde professionnel. Pourtant, aucun de ces concepts n'est une *soft skill* ! Il s'agit en fait de traits de personnalité. Face à un même événement, deux personnes peuvent avoir des réactions très différentes : c'est notamment leur personnalité qui entre en jeu dans ces différences, avec une tendance de chacun à réagir plutôt de telle ou telle manière. Les *soft skills* correspondent quant à elles à la manière la mieux adaptée pour réagir à la situation en question. Il s'agirait donc de maîtriser sa personnalité en adaptant sa réflexion ou son comportement au contexte. Les traits de personnalité peuvent entrer dans la composition de certaines *soft skills* mais, comme précisé, ils ne peuvent qu'en être des composantes parmi d'autres. Si on associe la personnalité à des traits stables, il faut reconnaître que la personnalité se développe au cours de la vie, même chez les adultes ; il en va de même des *soft skills.* Et bien évidemment, les *soft skills* sont des déterminants indiscutables de la performance professionnelle, ce qui est très loin d'être le cas des traits de personnalité, qui doivent être vus comme des facteurs de diversité.

▬ Idée reçue n° 6 : les *soft skills* ne requièrent aucune connaissance

Les *soft skills* sont souvent associées à des capacités naturelles, qui ne nécessitent pas de connaissances particulières pour être utilisées ou développées. C'est tout simplement faux. Pour utiliser une compétence, quelle qu'elle soit, il faut mobiliser et combiner de nombreuses ressources internes (et parfois externes), et ce dans le but d'accomplir une tâche donnée pour atteindre une certaine performance. Il peut s'agir d'une méthode d'analyse pour évaluer une situation, d'une technique de méditation pour mieux réfléchir, ou même de la connaissance que vous pouvez avoir d'une personne pour mieux interagir avec elle. Pour le stress par exemple, le fait de se connaître pour mieux se gérer constitue une connaissance, même si c'est une connaissance de soi. Quoi qu'il en soit, votre mémoire est nécessairement sollicitée pour l'activation de toute *soft skill* ; cela signifie que les connaissances sont un support utile pour fonctionner de manière optimale, tant qu'elles ne constituent pas une croyance limitante ou un biais critique.

Idée reçue n° 7 : les *soft skills* ne sont pas du tout enseignées à l'école

Il est facile de torpiller l'Éducation nationale en lui reprochant notamment de ne pas du tout travailler les *soft skills*. Mais cela correspond à une méconnaissance profonde de ce que sont les *soft skills*, et de ce que développe le système éducatif. Ce dernier est certainement très perfectible : il transmet des connaissances en les reliant peu aux enjeux du quotidien, a tendance à formater les élèves et ne parvient généralement pas à développer le plein potentiel des individus. Malgré cela, l'école permet d'acquérir des composantes critiques de certaines *soft skills* : expression écrite, communication orale, écoute active, stratégies d'apprentissage, raisonnement logique, planification. Sans compter l'apprentissage informel des interactions sociales permis par le contexte de l'école. Un reproche qui peut être objectivement fait est que les programmes ne sont pratiquement jamais conçus ni structurés pour développer spécifiquement les *soft skills*. Cela impliquerait par exemple de transformer les pédagogies utilisées en ne plaçant pas le professeur en tant que sachant ou contrôleur des acquis, ou encore de transcender le concept de « matière » disciplinaire, qui n'existe pas dans le monde réel. Pour autant, l'école reste un levier significatif de développement des *soft skills*.

Idée reçue n° 8 : les *soft skills* garantissent le succès professionnel

Rien ne garantit le succès professionnel dans l'absolu, ni les *soft skills*, ni une réussite spécifique, ni même la fortune familiale. Le succès professionnel prend en compte la performance individuelle sur le long terme, ainsi que la reconnaissance par ses pairs de cette performance. Ces éléments reposent sur le travail, sur les *soft skills* et sur les contextes, et parfois sur un peu de chance. C'est comme ça ! Il s'agit donc d'un ensemble très complexe de paramètres, dans lequel les *soft skills* jouent un rôle nécessaire, mais loin d'être suffisant. On peut dire que les *soft skills* augmentent les chances de s'adapter de manière optimale aux challenges et situations qui se présentent dans la vie professionnelle, sans pour autant faire le raccourci avec la notion de succès. Dans le monde professionnel, quel que soit le sujet, il est indispensable d'acquérir des connaissances et compétences spécifiques allant bien au-delà des *soft skills*, et dépassant parfois nos capacités. Tout le monde n'est pas à l'aise en mathématiques, comme tout le monde n'est pas à l'aise en écriture. La diversité des talents et des perceptions crée beaucoup de valeur dans notre société ; autant accepter qu'il n'existe pas qu'une seule recette du succès, un seul profil de *soft skills* pour réussir, ou même une seule vision du succès !

▬ Idée reçue n° 9 : les *soft skills* sont plus importantes que les *hard skills*

Il n'est pas rare d'assister à des débats sur la priorité entre *hard skills* et *soft skills* dans le monde du travail. D'un côté, il est vrai qu'au rythme actuel des transformations économiques, il est important de savoir apprendre de nouvelles compétences. En revanche, peu de recruteurs accepteraient que leurs employés n'aient aucune compétence technique. Que ce soit à l'embauche ou au quotidien, ce sont les compétences techniques qui permettent de créer de la valeur visible à l'actif du bilan. Le principal problème de cette idée reçue vient dans l'opposition structurelle entre *hard skills* et *soft skills*. Dans la réalité, il n'existe probablement pas deux catégories distinctes de compétences. Il serait plus intéressant de voir toutes ces compétences comme ayant des dimensions liées à la cognition, la motivation, l'émotion et le savoir. Chaque compétence pourrait être définie en fonction de ces dimensions ou d'autres à définir. Et s'il existe évidemment certaines compétences plus techniques que d'autres, la performance réside dans le bon équilibre global dans la présence de toutes ces dimensions. Il faut voir chacune de ces dimensions comme un aspect nécessaire mais pas suffisant pour assurer la performance sur une tâche donnée. Bien loin d'opposer *hard skills* et *soft skills*, nous faisons l'hypothèse qu'elles sont composées des mêmes ingrédients, dans des proportions différentes. En allant plus loin, on peut même dire que les *soft skills* subliment les *hard skills* !

▬ Idée reçue n° 10 : les *soft skills* sont des compétences comme les autres

Au risque d'aller assez loin dans la nuance, il est douteux de penser que les *soft skills* sont des compétences parmi d'autres. Comme toute compétence, chaque *soft skill* est composée de dimensions cognitive, sociale et technique dans des proportions spécifiques. En revanche, par exemple, apprendre une technique de marketing ne peut pas être placé sur le même plan que changer sa manière de réagir en situation de crise. Les *soft skills* sont acquises au fil des expériences vécues et forment une part importante de notre identité. En d'autres termes, les *soft skills* jouent un rôle important dans notre rapport à nous-même, aux autres et au monde en général. Cela signifie que pour développer une *soft skill*, il est nécessaire d'agir au niveau identitaire, et pas seulement au niveau des connaissances ou de l'action. De manière plus concrète, toute démarche de développement des *soft skills* implique un processus réflexif fort. L'objectif est de faire réfléchir la personne sur sa manière de faire, ce qui pose problème, et les bénéfices pour soi et les autres de fonctionner différemment. Alors seulement il devient possible d'amorcer une évolution d'une ou plusieurs *soft skills*. Il est donc clair qu'en matière de développement, les *soft skills* ne sont pas des compétences comme les autres. Sauf à considérer que cette démarche devrait être la base pour tout développement de compétences. Intéressant, non ?

4. S'Y RETROUVER DANS LE JARGON DES COMPÉTENCES ET DES *SOFT SKILLS*

Pour bien comprendre ce que sont les *soft skills*, il est préférable de bien comprendre ce qu'est une compétence. Sur le sujet, ce n'est pas la matière qui manque : le concept de compétence dispose de plus de sept-cents définitions différentes dans la littérature scientifique, et environ une trentaine de synonymes reconnus dans les différents dictionnaires francophones. Et naturellement, pas de réel consensus. Dans l'ouvrage *Les Compétences du XXIe siècle* (Lamri, 2018), nous proposons un résumé des grandes définitions et notions qui permettent de définir une compétence.

Pour faire simple, la définition la moins discutée est à ce jour celle du chercheur français Guy Le Boterf (Le Boterf, 2000). Ce dernier reprend l'idée principale que la compétence est la capacité à mettre en œuvre des connaissances, des savoir-faire et des comportements en situation d'exécution. Il y ajoute cependant une triple condition de succès : le savoir agir (capacité), le vouloir agir (volonté), et le pouvoir agir (moyens).

Cette vision du sujet est révolutionnaire, tant elle sort de l'idée qu'une personne est compétente ou incompétente dans l'absolu. Suivant le contexte, une même personne peut donc être compétente ou non, en fonction de sa motivation et des moyens mis à sa disposition. En effet, la compétence vise à effectuer une tâche avec succès ; ajouter au simple « savoir agir » les notions de « pouvoir » et de « vouloir » relèvent finalement du bon sens. De plus, cette compréhension plus nuancée de la compétence permet de bien intégrer le concept de *soft skills*, lesquelles permettent de s'adapter à un contexte donné. Avec un peu d'audace, les *soft skills* pourraient être vues comme des compétences qui augmentent le taux de succès de mise en œuvre de toute autre compétence. Mais pour éviter les vérités un peu trop rapides et simplistes, mieux vaut rester dans les limites du connu.

Il est en revanche possible de se prononcer sur la pertinence des termes utilisés comme des alternatives ou synonymes pour cet anglicisme de *soft skills*. Par souci de lisibilité, nous avons simplifié notre opinion concernant la pertinence des appellations couramment utilisées, en utilisant trois niveaux : 🙂 pour signifier une compatibilité avec la notion de *soft skills*, 😕 pour indiquer qu'il y a des nuances significatives, et 😟 pour préciser que le terme est inapproprié.

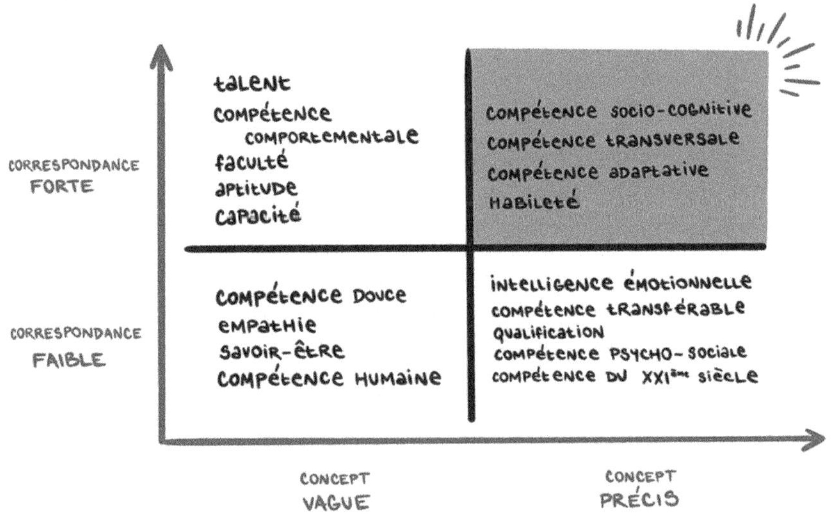

- ☺ **Compétence adaptative**. Le terme est simple dans son approche, et distingue les compétences qui ont pour objectif de permettre l'adaptation dans un contexte donné. Ce terme est excellent pour permettre une vulgarisation du concept de *soft skills*, d'autant qu'il ne prend pas parti sur les dimensions émotionnelles ou cognitives, encore sujettes à discussion.
- ☺ **Compétence socio-cognitive**. Le terme représente bien le concept de *soft skills* tel qu'il a été créé et développé au fil des ans. Surtout, en indiquant la nature de la compétence, le terme jouit d'une plus grande précision, évitant toute confusion, sauf peut-être avec la théorie socio-cognitive pour les puristes. Malgré sa pertinence, le terme est cependant rarement utilisé.
- ☺ **Compétence transversale**. Le terme définit toute compétence qui n'est pas liée particulièrement à un métier ou secteur donné. Si on dépasse la vision très traditionnelle d'une qualification attachée à un poste de travail, la notion est pertinente et tout à fait à propos.
- ☺ **Habileté**. Le terme est intéressant car il exprime les qualités d'adresse et de justesse dans la réalisation d'une action, ce qui évoque la notion de pouvoir effectuer des actions de manière adaptée. Il est néanmoins assez générique, et pourrait éventuellement s'appliquer aux *hard skills*.
- ☹ **Compétence**. Ce terme générique est cohérent, même si c'est un peu comme définir une voiture comme étant un moyen de transport, ce qui est vrai mais aide peu à comprendre les caractéristiques qui différencient une voiture d'un avion.
- ☹ **Compétence du XXIe siècle**. Ce terme décrit les *soft skills* identifiées comme indispensables pour la performance professionnelle à l'ère numérique et globalisée. Il s'agit donc d'une partie des *soft skills*, et non pas de toutes les *soft skills*, ce qui a son importance.
- ☹ **Compétence psycho-sociale**. Ce terme issu de la psychologie sociale est intéressant dans le sens où il définit la nature de ces compétences. En revanche, en les qualifiant de psycho-sociales, il met un accent particulier sur la dimension liée aux interactions

sociales, au risque d'éluder la dimension cognitive. Il est donc soit biaisé, soit partiel, mais peu adapté à la réalité du sujet.

- ☹ **Capacité**. Le terme est assez générique, car il définit la qualité d'une personne en état de faire quelque chose. En revanche, il se prête bien au sujet des *soft skills*, même s'il est bon de rappeler qu'une compétence est notamment constituée de capacités, ce qui peut vite créer de la confusion.
- ☹ **Aptitude**. Le terme peut être approprié s'il est défini comme une qualité permettant la performance, mais beaucoup moins s'il évoque la notion de dispositions naturelles. Or c'est souvent dans cette intention qu'il se retrouve utilisé ; à considérer avec prudence, donc.
- ☹ **Faculté**. Le terme est tellement générique qu'il pourrait définir n'importe quelle compétence, talent, aptitude, capacité ou habileté. Il est simplement à nuancer, car très lié à la notion de dispositions naturelles, un peu comme le terme « aptitude ». À utiliser avec précaution.
- ☹ **Compétence comportementale**. Le terme n'est pas faux en soi, mais il génère une forte ambiguïté quant à l'intention posée. En effet, le terme « comportement » concerne toute action émise (toute façon d'agir, toute conduite menée) alors que les *soft skills* sont plus spécifiques.
- ☹ **Qualification**. Ce terme très mécanique se trouve être l'ancêtre de la notion de compétence avant les années 1970. Il porte surtout un caractère absolu sur la capacité à faire ou non, ce qui semble être trop binaire pour bien parler des *soft skills*.
- ☹ **Talent**. Le terme pourrait se trouver dans la liste des termes appréciés, mais il est désormais galvaudé, et définit n'importe quelle personne ou capacité connotée positivement. Surtout, il définit généralement la capacité à effectuer une action à un niveau remarquable. Un peu élitiste, donc.
- ☹ **Compétence humaine**. Le terme est souvent utilisé en opposition aux caractéristiques des machines, ce qui en fait par défaut une mauvaise alternative. Sans compter que derrière ce terme, on retrouve régulièrement des connotations quasi-ésotériques, qui s'appuient sur des liens non fondés.

- 😟 **Compétence transférable**. Le terme souvent confondu avec celui de « compétence transversale » exprime en réalité les compétences, souvent techniques, propres à un métier ou un secteur et pouvant être utilisées dans d'autres métiers ou secteurs.
- 😟 **Savoir-être**. Le terme évoque les interactions sociales, mais laisse de côté les aspects plus cognitifs des *soft skills*, comme la créativité ou l'esprit critique. Il est donc trop restrictif, et simplifie à tort le concept en omettant tout ce qui touche à la logique.
- 😟 **Intelligence émotionnelle**. Le terme désigne le concept décrit et popularisé dans les années 1990, mais n'intègre qu'une partie des *soft skills*. De plus, il est souvent utilisé sans une bonne compréhension de ce que sont réellement les *soft skills*, ce qui en fait une alternative très douteuse.
- 😟 **Empathie**. Selon les cas, le terme désigne un trait de personnalité, une capacité ou un comportement. Il est tellement galvaudé qu'il est plutôt à éviter. Au-delà de cet aspect, il est utile de rappeler que les *soft skills* sont loin de se limiter aux compétences nécessitant l'empathie.
- 😟 **Compétence douce ou compétence molle**. Est-il vraiment nécessaire de détailler ? Ces termes sont simplement des traductions littérales de « *soft skill* » et ne retranscrivent en aucun cas l'intention portée par le concept anglo-saxon. C'est l'intention et le sens qui doivent orienter la traduction.

Pour conclure, nous estimons qu'il n'y a pas de réel équivalent français pour décrire le terme de *soft skills*, qui a émergé dans un contexte militaire en pleine guerre froide. Les termes de « compétences transversales » ou « habiletés » semblent les plus à même de constituer des traductions fidèles, bien qu'ils ne reprennent pas en intégralité l'intention philosophique du concept initial. En évoluant hors du contexte militaire, le concept est devenu beaucoup plus identitaire et global dans son approche des interactions et de la modélisation.

5. QUE SONT LES *MAD SKILLS* ?

Contrairement aux *hard skills* et aux *soft skills*, le concept de « *mad skills* » n'a aucun fondement théorique. Tout commence en 2015 : lors de la préparation d'un cours de recrutement, nous feuilletons des annonces de recrutement publiées sur Monster par des start-up et entreprises de la Silicon Valley aux États-Unis. L'objectif initial est de montrer aux étudiants que les start-up adoptent un style direct, s'attachent d'abord au « *why* » (pourquoi nous rejoindre ?) et à l'expérience (donner à voir ce que l'on va vivre dans l'entreprise et l'équipe que l'on va rejoindre).

C'est ainsi par hasard que nous repérons le terme « *mad skills* » dans plusieurs annonces : « *We're looking for talent with mad skills !* » (Nous recrutons des talents disposant de *mad skills* !) ; « *Firm needs these 4 mad skills employees to make it* » (Nous avons besoin de quatre employés aux compétences exceptionnelles pour réussir). Ce phénomène est important : des centaines d'annonces font mention de ce terme.

Nous avons la conviction que le concept de « *mad skills* » signe une évolution importante du marché du travail. Dans un contexte d'hyper-compétition, être performant ne suffit plus à certaines entreprises et en particulier aux Gafam (Google, Apple, Facebook-Meta, Amazon et Microsoft) et autres géants tels les Natu (Netflix, Airbnb, Tesla, Uber). Pour faire la différence, elles recherchent d'une part les meilleurs talents (ceux qui sont par exemple capables de coder quatre fois plus vite que la moyenne) et veulent d'autre part diversifier leurs équipes (*mad skills* s'entend comme une compétence rare, assez folle, au regard de son niveau d'excellence). Elles érigent la singularité et l'hétérogénéité comme facteur clé de succès des équipes hautement performantes.

Ainsi, il ne s'agit plus pour un individu d'avoir un bon portefeuille de compétences et de développer sa polyvalence mais d'exceller sur certaines dimensions clés et de rejoindre des « *dream teams* » (attelage de collaborateurs aux compétences complémentaires). C'est un changement de paradigme. Le XXIe siècle fait la part belle aux *serial learners* ou apprenants permanents, et autres *corporate rebels* (rebelles constructifs). Il s'agit d'une rupture majeure, en comparaison du XXe siècle, où les entreprises :

- donnaient la primauté aux collaborateurs compatibles avec la culture d'entreprise ou au profil du « clone » ;
- accéléraient la carrière du collaborateur dont les attitudes et comportements collaient avec le système culturel de la firme ou au profil du « bon petit soldat » (loyauté, respect des règles...) ;
- ou encore impliquaient cognitivement et émotionnellement les acteurs par l'instauration de normes de conduite et des systèmes d'organisation appropriés.

Dans ce nouvel environnement, la « déviance » des collaborateurs devient une condition *sine qua non* pour permettre à une entreprise de continuer à exister (régénération). Ainsi, l'intérêt principal de personnes aux compétences particulières, que les anglophones qualifient de « *mad skills* » (singularité, compétences rares et exceptionnelles), repose précisément sur leur aptitude à devenir des agents au service de l'innovation (sur le plan culturel et professionnel), au sein d'organisations qui doivent être agiles et se transformer en permanence dans un contexte de digitalisation de l'économie (risque d'obsolescence des activités, besoin vital de se renouveler, innovations de rupture...). Il importe dès lors que des initiatives et comportements contestent et mettent sans cesse à l'épreuve l'ordre établi et les structures, pour continuer à avancer et progresser.

Pour rendre compte de ces réflexions, nous délaissions la voie académique (tester empiriquement ce concept, publier dans une revue scientifique reconnue par le CNRS) pour écrire en 2016 un article dans le mensuel *Management* suivi de trois posts LinkedIn et d'un chapitre d'ouvrage. Le retentissement médiatique est important, le concept plaît. Mais très rapidement, une nouvelle mode managériale (phénomène médiatique, *buzz word*) se met en branle. Le concept est repris, son origine est rarement identifiée. Et pour cause... Au mieux c'est du plagiat, au pire du copier-coller de copier-coller de copier-coller... Chacun y va de sa définition : « une *mad skill* est une passion développée lors d'activités extra-professionnelles. Les collaborateurs *mad skills* sont des multipotentiels. Les *mad skills* sont la revanche des atypiques. Les *mad skills* révèlent le potentiel des candidats... »

Des centaines de posts (notamment publiés par des cabinets de recrutement et des start-up) reprennent l'idée à leur compte. Des entreprises se spécialisent sur des tests dédiés à détecter les *mad skills*. Si l'on peut être fiers, à titre personnel, d'avoir lancé une mode et d'avoir inventé un terme, on ne peut que regretter son exploitation à des fins commerciales dénuées de toute rigueur scientifique. Car comme on peut le constater, les *mad skills* ne peuvent pas constituer une troisième famille de compétences qui viendrait compléter les *hard skills* et *soft skills*. Elles sont plutôt :

- une montée de l'exigence quant au degré de maîtrise des compétences constituant les deux familles précédentes ;
- l'annonce d'une rupture dans le domaine du recrutement, où ce dernier sera de moins en moins une recherche pour un poste donné, avec le critère de *matching* culturel (logique de conformité) comme élément clé de la décision. Le recrutement doit désormais intégrer une dimension collective. Cela implique un diagnostic partagé du stock de compétences collectives à disposition (état de la configuration actuelle). Il s'agit de ne fixer aucune limite lors de la phase d'exploration et d'investigation. La finalité est de partir à la recherche de collaborateurs qui font la différence du fait de leurs profils hétérogènes et exceptionnels. C'est à cette condition qu'ils pourront venir enrichir l'équipe et sa capacité de réponse et de créativité.

CHAPITRE 2

Les grands modèles de *soft skills*

Avec l'avènement du numérique, la société du XXIe siècle est en pleine mutation. De nouvelles compétences sont ainsi recherchées pour répondre aux besoins du monde professionnel (Van Laar, Van Deursen, Van Dijk, & De Haan, 2017). Ainsi, les recruteurs tentent d'intégrer l'évaluation des *soft skills* dans leurs processus de recrutement. Par ailleurs, le système éducatif doit aujourd'hui préparer les jeunes générations pour des postes qui n'existent pas encore à l'heure actuelle.

Il est important, face à la myriade de modèles (1), d'appréhender les grands référentiels (2) et en particulier le nouveau modèle Hester H10 (3) pour se forger des convictions sur la manière de mobiliser le concept de *soft skills* dans les organisations.

1. UNE MYRIADE DE MODÈLES MAIS AUCUN CONSENSUS

S'il existe beaucoup de modèles dans la littérature scientifique, chacun présentant ses forces et ses faiblesses, aucun consensus n'a encore pu être établi pour mettre au point un modèle standard. D'un point de vue scientifique, il est extrêmement compliqué d'évaluer les *soft skills* car elles sont interdépendantes et prennent tout leur sens une fois contextualisées à l'individu ainsi qu'à sa situation. Leur analyse unitaire et absolue, indépendamment les unes des autres, n'est ni pertinente ni constructive. Ce qui est certain, c'est que la recherche d'un consensus suppose l'adoption d'un modèle, tout en gardant à l'esprit ses forces et faiblesses.

Robles, à travers une méthode exploratoire, a identifié les dix *soft skills* perçues comme les plus importantes aux yeux des recruteurs : intégrité, communication, courtoisie, responsabilité, compétences sociales, attitude positive, professionnalisme, flexibilité, travail d'équipe et éthique au travail (Robles, 2012). Si l'approche permet de proposer une liste en lien avec le vocabulaire du marché, elle repose sur la perception des recruteurs, lesquels ne sont ni experts des *soft skills*, ni experts en psychologie ou en sociologie. De plus, d'un pays à l'autre, la définition, l'importance et même la dénomination de ces compétences présentent d'importantes variations (Cinque, 2016). Ainsi, la plupart des pays de l'OCDE cherchent à proposer des recommandations dans leurs systèmes scolaires respectifs afin de prendre en compte les compétences requises pour l'insertion professionnelle. On constate néanmoins de fortes disparités dans l'application de ces principes (OCDE, 2016).

Il n'existe donc pas de consensus sur les *soft skills*, quelle que soit l'échelle géographique observée. Néanmoins, il existe des initiatives d'une grande qualité pour tenter de lister et définir de manière structurée et exhaustive les *soft skills*. Parmi ces initiatives, on retrouve le référentiel américain de compétences O*NET, le référentiel européen eLene4work, le célèbre modèle Lominger, ou plus récemment le modèle Hester H10. Et il en existe des milliers d'autres, à des échelles d'application très différentes. La plupart du temps, ces référentiels « métiers & compétences » existant ont été réalisés par des entités publiques telles que Pôle emploi, la Commission européenne ou le ministère du Travail américain, et sont divisés selon le type ou la catégorie de compétences qu'ils présentent.

Aucun de ces référentiels n'est obligatoire pour les organisations privées ; chacun d'eux a été construit pour un usage ou un contexte particulier, ce qui le rend généralement peu applicable à l'ensemble des acteurs du marché. Le plus souvent, chaque grande entreprise dispose de son propre référentiel, et, de plus en plus, chaque établissement d'enseignement supérieur et gouvernement. C'est pourquoi, avant même de parler d'identifier ou de développer les *soft skills*, il est important de faire un tour d'horizon des différentes listes disponibles, de leurs forces et de leurs limites.

2. LES GRANDS RÉFÉRENTIELS

Le référentiel américain O*NET

L'*Occupational information network* (O*NET) a été créé en 1998 par le ministère du Travail américain (*US Department of Labor*) en remplacement du Dictionnaire des titres d'occupation (DOT). Aujourd'hui, il s'agit du système d'information le plus innovant et le plus performant au monde sur le sujet du lien entre les professions et leurs attributs. De nombreuses institutions se sont inspirées de la structure et de la matière de l'O*NET pour construire leur propre référentiel. Le modèle est très complexe, avec de nombreux niveaux de profondeur pour décrire un total de 923 professions, et il évolue en permanence. Il constitue une base de référence pour s'inspirer sur le sujet des métiers, des compétences et des *soft skills*, lesquelles ne sont ici qu'une composante du modèle parmi tant d'autres.

Des chercheurs ont développé une approche exploratoire des *soft skills* perçues comme désirables à partir du référentiel O*NET (Bakhshi, Downing, Osborne, Schneider, 2017). Ce travail manque néanmoins d'exhaustivité. En effet, la désirabilité des *soft skills* ne signifie pas nécessairement leur pertinence. Par ailleurs, le référentiel O*NET reste spécifique aux États-Unis, et même s'il s'agit d'une économie assez semblable à l'économie européenne ou française, certaines différences ne sont pas abordées. Celles-ci sont notamment dues à la nature des tâches les plus opérées (niveau d'industrialisation et d'automatisation), au dynamisme et aux particularités locales de l'emploi. Il est ainsi nécessaire de coupler ce travail avec d'autres études.

Le référentiel européen ESCO

Avec le référentiel O*NET, l'ESCO est le référentiel de compétences le plus cité dans la littérature scientifique mondiale. Il s'agit d'un référentiel multilingue couvrant les compétences, les qualifications et les professions. Sa terminologie commune de référence peut contribuer à rendre le marché du travail européen plus efficace et intégré, et permettre au monde du travail et de l'éducation/formation de communiquer plus efficacement. L'ESCO est le référentiel le plus complet de tous les référentiels existants : il contient 13 485 compétences réparties en quatre types : spécifiques à un secteur (6 412), intersectorielles (3 643), spécifiques à une profession (2 977), transversales (453). Cette volonté d'exhaustivité en fait néanmoins un référentiel difficilement utilisable et pas toujours pertinent selon les contextes.

Le référentiel français ROME

En France, le référentiel de compétences le plus connu est le ROME, élaboré et utilisé par Pôle emploi depuis 1982. Il est composé de 531 fiches métiers, incluant chacune une liste de compétences de base et une liste de compétences spécifiques, et proposant une distinction entre savoir-faire et savoirs. Pôle emploi décrit ainsi les métiers selon de très nombreuses *soft skills*, qui ne sont d'ailleurs pas définies comme telles. Il s'agit néanmoins d'un modèle assez complexe et difficilement accessible sans une expertise approfondie.

Le référentiel européen eLene4work

ELene4work est un projet européen ayant pour objectif d'établir des liens entre des compétences transversales et des métiers afin de favoriser l'employabilité. L'ambition est de permettre aux étudiants de pouvoir identifier leurs compétences et d'en tirer parti dans le cadre de leur recherche d'emploi. Le référentiel est issu d'un projet collaboratif européen financé dans le cadre du programme Erasmus + . Avec d'excellentes intentions, le modèle se trouve néanmoins confronté à la problématique de devoir harmoniser des termes pour vingt-sept pays différents, ce qui diminue significativement la précision et la qualité de certains termes. De plus, plusieurs compétences correspondent plutôt à des traits de personnalité. Le modèle présente onze compétences réparties en trois catégories.

3. LE NOUVEAU MODÈLE HESTER H10

En Europe, et en France particulièrement, de nombreuses entreprises cherchent actuellement à se doter d'un référentiel fiable de *soft skills*, dans le but de les évaluer lors du recrutement, de les identifier pour les démarches d'anticipation des besoins et de les développer pour augmenter les performances globales. Dans le même temps, les établissements d'enseignement supérieur créent également tour à tour leurs propres référentiels, afin de cartographier leurs formations sous cet angle. Malgré la multitude de modèles disponibles, aucun ne semble suffisamment accessible ou adapté à tous ces enjeux.

En tant que leader européen de l'orientation et du recrutement des étudiants et jeunes diplômés, JobTeaser se situe naturellement à l'interface des mondes éducatif et productif. Le référentiel Hester H10 est né de la volonté de créer une base commune pour répondre autant aux besoins des entreprises qu'à ceux des écoles et universités. Le modèle comporte dix grandes *soft skills*, composées d'un total de vingt-deux méta-capacités. Le modèle a été nommé afin de rendre hommage à l'exploratrice britannique Hester Stanhope. Ce nom s'inscrit dans le cadre d'une suite de modèles référentiels créés par JobTeaser sur différents aspects (intérêts professionnels, *soft skills*, valeurs professionnelles, catégories de métiers).

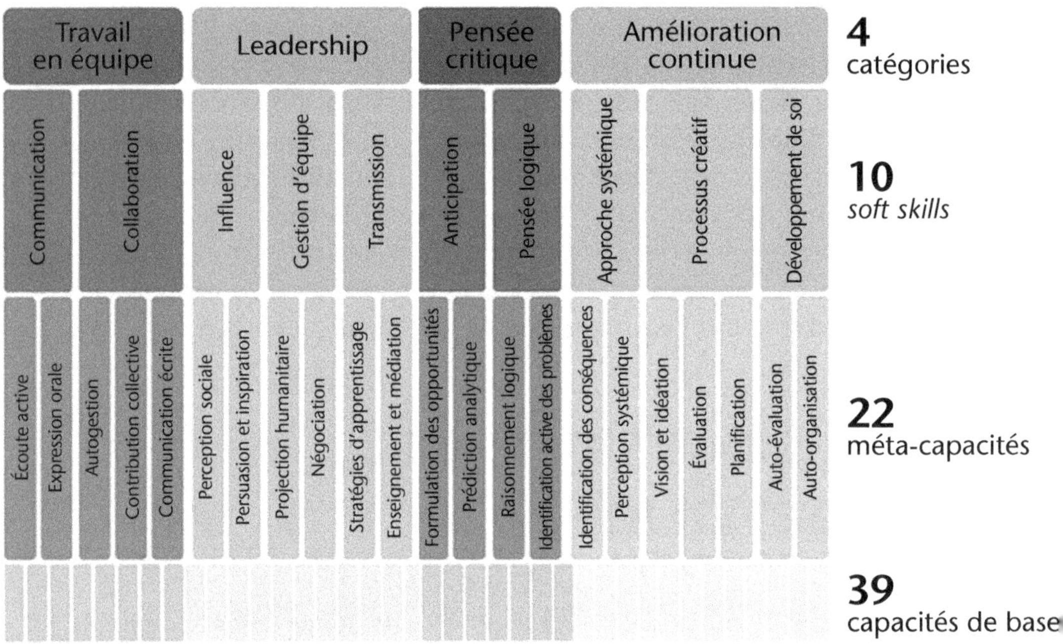

Source : JobTeaser, 2021.

Figure 3 – *Structure du modèle de* soft skills *Hester H10*

L'originalité du modèle Hester repose précisément sur la volonté de ne rien inventer de nouveau. En effet, cela fait maintenant plusieurs décennies que des experts tentent de décrire les *soft skills*, partout dans le monde. Plutôt que de recréer une liste approximative de compétences, plusieurs modèles ont été analysés et croisés pour comprendre leur structure interne, leurs points forts et leurs points faibles. Seuls les modèles O*NET et eLene4work ont été jugés suffisamment structurés et rigoureux sur le fond pour décrire les *soft skills*. Au total, plus de soixante *soft skills* ont été rassemblées, et présentées à un panel de 900 personnes de tous âges et toutes professions.

Une telle étude a permis d'identifier le degré de compréhension de chacune de ces *soft skills*, mais surtout la proximité entre chacune. *In fine*, suite à une analyse factorielle, trente-neuf capacités de base ont été validées. Par un processus dit de classification ascendante hiérarchique, ces trente-neuf capacités ont pu être « clusterisées », ou regroupées en vingt-deux méta-compétences, qui ont formé à leur tour les dix *soft skills* du modèle, elles-mêmes regroupées en quatre catégories distinctes. À notre connaissance, il s'agit du premier référentiel au monde construit sur une démarche scientifique d'après des référentiels reconnus existants. Il est à noter que dans l'esprit du modèle, les dix grandes *soft skills* sont en fait des dimensions, et que les compétences se situent *a priori* au niveau des trente-neuf capacités. Néanmoins, dans un esprit de vulgarisation et de simplification, le cœur du modèle repose sur les dix dimensions, maintenant définies comme *soft skills*.

Les premiers résultats obtenus ont permis de mettre en évidence que la classification des compétences des référentiels O*NET et eLene4work n'était pas toujours pertinente et que certaines compétences pouvaient être rassemblées. L'analyse a également permis de montrer que quatre compétences parmi ces modèles étaient d'une nature complètement différente, et n'avaient même rien à voir avec des *soft skills*. Il a ainsi été possible de les isoler du reste. De plus, le modèle O*NET étant américain et le modèle eLene4work européen, des constats intéressants ont pu être établis en matière de différences culturelles. Par exemple, la compétence de gestion des conflits dans eLene4work s'inscrit aux États-Unis dans la même compétence que la stratégie d'apprentissage.

Par ailleurs, dans eLene4work, l'auto-évaluation, c'est-à-dire la capacité à analyser ses propres compétences, se situe dans O*NET au niveau de la capacité à organiser l'information. Ces compétences correspondent donc à la capacité d'auto-organisation, même si cela ne paraît pas intuitif *a priori*. Enfin, aux États-Unis, le référentiel O*NET révèle par exemple que l'intelligence systémique se rapproche de la créativité. Au sein des arbres de classification, ces compétences se retrouvent au même endroit alors qu'elles sont supposées être particulièrement éloignées. Ainsi, ce travail de recherche a permis de formaliser les similitudes et les différences entre les référentiels. De tels résultats, dits mathématiques ou statistiques, n'auraient probablement pas été possibles par la simple logique.

> Pour en savoir plus sur la représentation graphique d'une classification ascendante hiérarchique : www.dunod.com/ean/9782100830923 (Les + en ligne).

http://dunod.link/jusu1ae

Une fois la structure du modèle Hester H10 établie, il a été nécessaire de le rendre compréhensible et utilisable pour tout acteur du marché. De nombreux contenus ont ainsi été rédigés, à partir de la littérature scientifique existante :

- description de chacune des vingt-deux méta-capacités, dix *soft skills* et quatre catégories ;
- création de trois niveaux de maîtrise pour chacune des vingt-deux méta-capacités, avec une description et un exemple pratique pour chaque niveau de chaque méta-capacité ;
- recommandations pédagogiques pour développer chacune des vingt-deux méta-capacités ;
- identification des conséquences probables en cas de déficience critique sur chacune des vingt-deux méta-capacités ;
- analyse comparative des couples de méta-capacités pouvant être confondues.

Le modèle Hester H10 a vocation à être public afin de proposer un cadre de référence à tous les acteurs de l'orientation et de l'emploi. L'ensemble des éléments évoqués ci-dessus sont livrés et détaillés dans la partie 2 de cet ouvrage sous forme de guide pratique des *soft skills*. Ce modèle sera bien évidemment amené à évoluer, au fil des analyses menées dans le cadre d'une démarche scientifique et des besoins remontés lors des phases de recherche utilisateurs.

Pour rendre ce référentiel actionnable pour les étudiants et jeunes diplômés, JobTeaser a également créé un outil, nommé « Hester ». Cet outil permet d'identifier les *soft skills* qui constituent ses forces, tout en apprenant à les valoriser et les raconter, pour se préparer par exemple à un entretien de recrutement. Cet outil est présenté parmi d'autres outils du marché dans le chapitre 3 de l'ouvrage.

Il existe également d'autres modèles plus spécifiques.

Pour en savoir plus : www.dunod.com/ean/9782100830923 (Les + en ligne).

http://dunod.link/6tee60c

CHAPITRE 3

Les compétences du XXIe siècle

Les compétences du XXIe siècle définissent les compétences essentielles qui permettent de rester réactif et adaptable au monde qui nous entoure et à sa constante évolution. Le concept, souvent confondu avec celui de *soft skills*, est avant tout un terme marketing utilisé par les organisations internationales comme l'OCDE ou le *World Economic Forum*, afin de promouvoir le besoin de transformer les systèmes éducatifs et productifs de l'ensemble des pays. Dans ce chapitre, nous revenons sur les origines du concept de compétences du XXIe siècle (2) avant de détailler différents modèles (2) dont celui des 4C (Créativité, esprit Critique, Communication, Collaboration) de l'OCDE (3).

1. DIFFÉRENCIER *SOFT SKILLS* ET COMPÉTENCES DU XXIe SIÈCLE

Le concept de compétences du XXIe siècle a été initialement pensé dans les années 1990 par des géants de la technologie (AOL, Cisco, Microsoft, Apple, Dell) et le ministère américain de l'Éducation. Ayant observé l'impact de leur propre technologie sur la société, la culture et le lieu de travail, ces organisations se sont particulièrement intéressées au type d'aptitudes, de compétences et de qualités dont les humains peuvent avoir besoin pour trouver un nouveau rôle créateur de valeur dans une société digitale. Loin d'être humaniste, l'objectif était de déterminer les compétences nécessaires pour la performance professionnelle moderne. La notion de compétence essentielle à la performance moderne est ce qui distingue vraiment les *soft skills* de ces compétences.

Tout comme les *soft skills*, ces compétences découlent *a priori* de nos capacités plus larges à apprendre, à réfléchir et à interagir.

En revanche, si parmi les compétences du XXIe siècle, on trouve bien évidemment plusieurs *soft skills*, mais également des compétences et des capacités qui sortent du cadre des *soft skills*, comme savoir lire, écrire et compter, ou encore savoir utiliser un ordinateur. Autrement dit, il n'y a pas que des *soft skills* dans les compétences du XXIe siècle. Comme expliqué précédemment, la limite n'est pas toujours claire, et seules les *soft skills* appelées les 4C sont presque systématiquement reprises dans les référentiels de compétences du XXIe siècle. Dans la mesure où il existe des milliers de référentiels de compétences du XXIe siècle, il est difficile de proposer une limite figée sur ce qui les différencie.

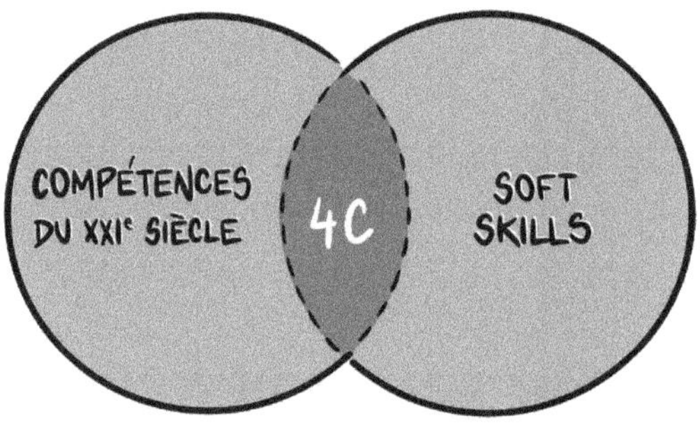

Il est surtout fondamental de rappeler que les compétences du XXIe siècle sont aujourd'hui plébiscitées par des organisations internationales, des gouvernements et des chercheurs, dans le but de faire évoluer les systèmes éducatifs à l'échelle mondiale. Le concept de *soft skills* a une histoire bien différente, et ne porte pas d'objectif idéologique ou politique en soi. Il s'agit là d'une différence majeure, notamment pour comprendre dans quel contexte utiliser l'un ou l'autre de ces concepts. Il est probable que dans un avenir proche, toutes les *soft skills*, quelles qu'elles soient, seront considérées comme des compétences du XXIe siècle, certaines plus utilisées que d'autres. Dans une société toujours plus complexe, rapide et connectée, il est légitime de penser que les compétences qui permettent de réfléchir et d'interagir de manière adaptée seront plus que jamais indispensables ! Avant d'en arriver là, il sera nécessaire d'établir un consensus fort sur ce que sont les *soft skills*, et de s'accorder sur un référentiel commun.

2. LES GRANDS MODÈLES DE COMPÉTENCES DU XXIe SIÈCLE

Plusieurs référentiels de compétences du XXIe siècle ont été proposés. Ils partagent tous le même objectif : identifier un ensemble commun de compétences vitales pour créer de la valeur et s'épanouir dans une économie fortement numérisée. L'une des premières initiatives utilisant le terme « compétences du XXIe siècle » a été créée en 2002 par Ken Kay et Diny Golder-Dardy, dans le cadre du Partenariat pour les compétences du XXIe siècle. Ce projet, plus connu aujourd'hui sous le nom de P21, a lancé un modèle qui est depuis devenu la référence en la matière au niveau international (P21, 2008).

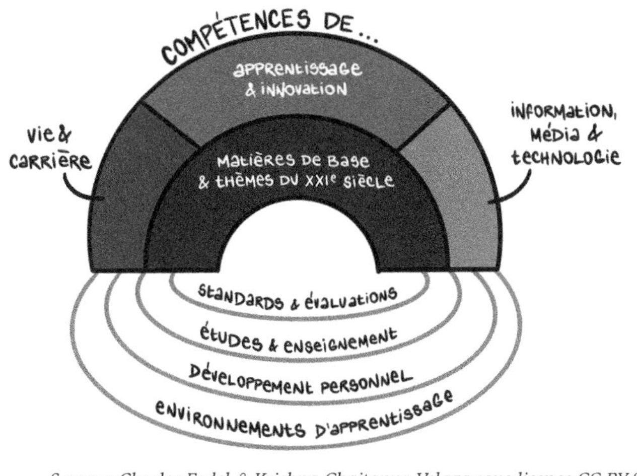

Source : Charles Fadel & Krishna Chaitanya Velaga sous licence CC BY-SA 4.0, 2018.

Figure 4 *– Illustration du modèle P21 des compétences du XXIe siècle*

L'une des autres initiatives principales, fondée en 2008, est le projet d'évaluation et d'enseignement des compétences du XXIe siècle (ATC21S). Microsoft et Cisco ont également financé cette nouvelle initiative, rejointes par Intel, pour explorer différentes approches d'enseignement et d'évaluation des compétences clés. L'OCDE s'est jointe pour préparer les évolutions futures du Programme mondial pour le suivi des acquis des élèves (PISA), utilisé pour évaluer le niveau d'instruction administré dans les pays membres et non-membres de l'OCDE. S'appuyant souvent sur ces deux initiatives phares, certaines organisations et administrations ont proposé leurs propres cadres, comme le modèle en Gauge (NCREL, 2003), les *Seven Survival Skills*, les *Iowa Essential Concepts and Skills* (Iowa Core, 2012) ou le modèle du ministère de l'Éducation du Connecticut.

Suivant leur propre chemin, Van Laar et d'autres chercheurs (Van Laar, Van Deursen, Van Dijk, De Haan, 2017) ont identifié sept compétences fondamentales et cinq compétences contextuelles pour réussir au XXIe siècle.

- Les compétences de base sont la créativité, la pensée critique, la collaboration, la communication, la résolution de problèmes, la gestion technique et de l'information.
- Les cinq éléments contextuels sont la flexibilité, la sensibilisation culturelle, la sensibilisation à l'éthique, l'apprentissage tout au long de la vie et l'autonomie.

Cependant, le cadre P21 est devenu le cadre le plus couramment utilisé et accepté des compétences du XXIe siècle, probablement en raison de sa large diffusion par l'OCDE et le Forum économique mondial.

Il est important de préciser que les grands référentiels reconnus de compétences du XXIe siècle ne reposent sur aucune étude publiée susceptible de prouver la robustesse du modèle. Il faut principalement les voir comme de grands cadres visant à orienter les politiques publiques en matière d'éducation. Mais une fois encore, ils ne représentent pas des modèles exhaustifs de *soft skills*, et ne décrivent pas forcément tous des compétences de manière homogène ni applicable. Comme le rappelle le chercheur et expert des compétences Denis Cristol dans son excellent article publié en ligne en 2019, la logique de compétence seule est insuffisante pour modifier à l'échelle les manières de faire et de penser des individus.

3. ZOOM SUR LES 4C

Les 4C représentent les quatre grandes *soft skills* indispensables au XXIe siècle. Ces 4C sont la créativité, l'esprit critique, la communication et la collaboration. Parmi les compétences inscrites dans les différents modèles de compétences du XXIe siècle, et également présentes dans le modèle P21 détaillé, ces quatre compétences socio-cognitives sont systématiquement représentées. Depuis 2017, suite à la recommandation de la communauté scientifique, le Forum économique mondial a popularisé le concept. Avant cela, c'est l'OCDE qui, dès 2012, a reconnu les 4C, au même titre que des milliers de scientifiques et de professionnels de l'éducation soucieux de préparer l'avenir.

Créativité

Bien que la perception de la créativité soit significativement différente selon les cultures (Trompenaars et Hampden-Turner, 1998), il existe néanmoins un noyau central portant sur le caractère insolite, significatif et transformateur des actions créatives.

La créativité est largement considérée comme un facteur de performance professionnelle (Welbourne, Johnson et Erez, 1998). Elle peut être définie comme un processus qui vise soit à transformer de manière nouvelle quelque chose qui existe déjà, soit à produire quelque chose de totalement innovant (Lubart *et al.*, 2015). Elle est considérée comme multivariée, ce qui signifie que l'émergence de la créativité dépend de nombreux facteurs : cognitif (capacités de réflexion), conatif (personnalité), affectif (émotions), environnemental (contexte). De manière générale, le processus créatif implique :

- originalité et inventivité, qui peuvent être perçues comme une forte tendance à rechercher de nouvelles solutions aux problèmes passés, actuels ou futurs ;
- une pensée divergente et innovante, qui est liée à une capacité à faire des liens inhabituels, ignorer les codes et normes existants pour envisager sa propre solution ;
- une pensée intégrative, qui permet une synthèse nouvelle et génératrice de valeur ;
- une conception opportuniste de l'échec, alors vu comme une opportunité de croissance, ce qui nécessite encore une toute nouvelle façon de regarder le monde qui nous entoure.

Esprit critique

Avec le développement du numérique, nous avons désormais un accès quasi illimité à l'information. Cela signifie que la sélection d'informations pertinentes et la recherche de solutions nécessitent des efforts considérables. De nombreux chercheurs, principalement issus du domaine de la psychologie cognitive, ont travaillé sur ce sujet et sont parvenus à un consensus sur une définition claire. En d'autres termes, l'esprit critique consiste à utiliser de manière adaptée le raisonnement inductif, le raisonnement déductif, l'analyse et d'autres processus mentaux complexes pour résoudre des problèmes, prendre des décisions et apprendre de nouveaux concepts (voir Halpern, 1998).

Les qualités fréquemment mises en évidence pour favoriser l'esprit critique sont la curiosité, l'ouverture et la flexibilité dans la prise en compte des opinions des autres, une capacité à saisir les opportunités, et la valorisation des opinions alternatives (Abrami, Bernard, Borokhovski,

Waddington, & Persson, 2015). Quatre capacités majeures sont également fréquemment citées :

1. observation, correspondant au recueil et à l'analyse d'arguments, de preuves et de croyances afin d'observer les différences et les similitudes entre les faits ;
2. identification, qui implique la génération d'inférences à partir d'éléments vérifiés et l'identification de relations causales entre les arguments ;
3. évaluation, pour déterminer la pertinence des arguments en fonction de critères tels que la vérité, l'utilité, les effets positifs ou négatifs ;
4. sélection, définie comme une prise de décision ou un problème à résoudre pour apporter la réponse la plus appropriée à un problème initial.

Communication

La communication a pour objectif d'interagir avec une attitude prévenante et non discriminatoire. Cela implique donc une intention positive, et signifie que la communication ne concerne pas simplement la transmission fiable d'un message, mais consiste également à éviter tout signal ou implication négative parallèlement à cette transmission. La communication peut bien sûr être à la fois verbale, paraverbale ou non verbale ; elle peut être écrite ou transmise à travers de nombreux autres médias. Une communication efficace est donc adaptée au contexte spécifique dans lequel elle existe et doit être réalisée de la manière la plus efficace et agréable possible pour les deux parties.

Au total, ce sont sept qualités qui semblent nécessaires pour communiquer efficacement (Moghimi, Chamanzamin & Shaghaghi, 2013) :

1. ouverture, pour la capacité à accepter de nouveaux concepts et de nouvelles idées ;
2. empathie, pour la capacité à comprendre les sentiments et les émotions d'autres personnes dans le contexte donné ;
3. protection, pour la capacité à créer un environnement sûr pour les parties prenantes ;

4. authenticité, pour la capacité à démontrer des compétences interpersonnelles efficaces avec ouverture, empathie et protection ;
5. compétences sociales, pour la capacité à s'adapter à une idée particulière, à persuader les autres et à inspirer confiance ;
6. inspiration, pour la capacité à transporter les autres à un niveau d'énergie plus élevé ;
7. stimulation, pour la capacité à intéresser et défier d'autres personnes d'une manière qui stimule leur intellect, les rende plus créatives ou développe leur leadership.

Collaboration

La collaboration semble être une combinaison complexe de compétences et de capacités telles que la communication, la résolution de conflits, la prise de décision, la résolution de problèmes et la négociation. La collaboration est une action volontaire résultant d'un besoin et d'un désir de coopérer, fondée sur le respect mutuel entre égaux et étroitement liée au sentiment d'autonomie de l'individu. Elle vise l'atteinte d'un objectif partagé par toutes les parties prenantes, même si les intentions sont propres à chacun.

Quatre qualités ont particulièrement été identifiées comme étant au cœur d'une collaboration efficace (Piaget, 1974) :

1. conscience des objectifs communs, cruciale pour activer la volonté de collaborer ;
2. franchise sur les intentions de chacun, pour aligner les objectifs des gens et leurs approches de la collaboration ;
3. motivation intrinsèque, sans quoi la collaboration sera considérée comme trop coûteuse en ressources et en énergie ;
4. conscience de soi, conscience des autres et conscience contextuelle, pour aider les individus à se positionner au mieux au sein du groupe collaboratif, en trouvant le rôle qui leur permettra de créer le plus de valeur dans la poursuite de l'objectif commun.

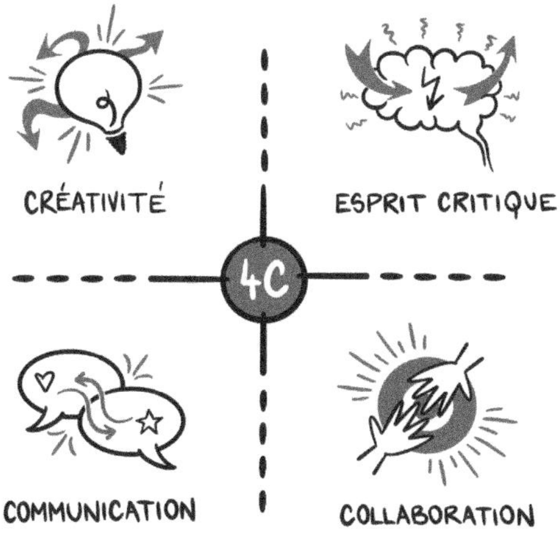

Bien évidemment, les 4C ne constituent pas un graal. D'une part elles ne représentent qu'une partie des *soft skills* existantes, et d'autre part elles prennent leur importance dans le contexte des compétences du XXIe siècle, elles-mêmes composées d'autres compétences et capacités qui ne sont pas des *soft skills*. En cherchant à lier les 4C à la notion de performance individuelle, il est important de les rapprocher des grandes constructions existantes sur le concept d'intelligence, comme le concept de capacité générale de traitement de l'information ou facteur G. Tous ces aspects sont largement détaillés dans *Les Compétences du XXIe siècle* (Lamri, 2018).

> Sur une approche plus synthétique, pour bien comprendre les limites et subtilités liées aux 4C, nous recommandons vivement la lecture de l'approfondissement proposé dans les compléments en ligne. Particularités et limites des 4C : www.dunod.com/ean/9782100830923 (Les + en ligne).

http://dunod.link/445cm7m

PARTIE 2

GUIDE PRATIQUE DES *SOFT SKILLS*

La deuxième partie de cet ouvrage s'adresse à tous les particuliers et professionnels désireux de mettre en œuvre une démarche pragmatique en lien avec les *soft skills*. Il sera en effet très difficile de développer ses *soft skills* de manière consciente et proactive sans la possibilité d'identifier clairement les différents concepts. Il est également important de comprendre ce qu'une *soft skill* donnée implique à un faible ou fort niveau de développement. Le modèle des 4C est trop global pour permettre ce niveau de précision ; pour parvenir à mettre en place une réelle démarche de développement des *soft skills*, il vaut mieux s'appuyer sur des modèles plus précis. En revanche, un modèle trop détaillé pourra décourager devant l'ampleur de la tâche à accomplir. C'est pourquoi nous avons décidé de nous appuyer sur le modèle Hester H10 pour présenter de manière concrète dix grandes *soft skills* (un chapitre par *soft skill*) auxquelles on peut associer vingt-deux capacités (une section par capacité).

Dans l'absolu, il peut exister une quantité quasi-infinie de *soft skills* ou de capacités. En effet, dans la mesure où il n'existe aucune taxonomie officielle et exhaustive, n'importe qui peut proposer une *soft skill* et sa définition, pour peu qu'elle corresponde à une réalité observable, et en lien avec des concepts reconnus dans la littérature scientifique. Pour développer les *soft skills*, il est nécessaire de savoir ce dont on parle, et donc d'avoir des définitions bien ancrées, sur une liste qui reste accessible et gérable.

Le modèle Hester H10 a été créé dans la triple optique de permettre la compréhension, l'évaluation et le développement des *soft skills*. Le modèle reprend de nombreux concepts des référentiels O*NET ou eLene4work, qui proposent une matière abondante et intéressante pour définir les *soft skills*. Nous considérons que ces deux modèles présentent soit trop de complexité, soit trop d'ambiguïtés pour constituer un outil de travail opérationnel. Pour rappel, le modèle Hester H10 est représenté visuellement en figure 3 page 48. Pour aller au-delà de la simple liste organisée de *soft skills*, nous détaillons ci-dessous l'intégralité du modèle H10, qui nous semble être au bon niveau de détail, et relativement moins ambigu. Le modèle H10 propose :

- une définition générale pour chacune des dix grandes *soft skills* ;
- des exemples de métiers sollicitant fortement la *soft skill* pour chacune des dix grandes *soft skills* ;
- une définition générale pour chacune des vingt-deux capacités composant les *soft skills* ;
- une explication des conséquences d'une déficience de la capacité pour chacune des vingt-deux capacités ;
- une définition et un exemple pour chacun des quatre niveaux des vingt-deux capacités ;
- des conseils pour développer chacune des vingt-deux capacités.

Pour chacune des vingt-deux capacités, quatre niveaux de maîtrise sont donc présentés : le niveau 0 qui se caractérise comme un déficit de maîtrise, puis les niveaux 1, 2 et 3, ce dernier correspondant au degré de maîtrise le plus élevé.

Autrement dit, il est important de partir du principe qu'on ne développe pas réellement une *soft skill* en tant que telle. En effet, on va plutôt développer les capacités qui constituent cette *soft skill.* C'est un peu comme pour savoir conduire : il est nécessaire de maîtriser le Code de la route, puis la conduite du véhicule. En matière de développement des *soft skills*, la difficulté vient souvent du fait que l'on cherche à attaquer un « trop gros morceau ». Il est bien plus accessible de segmenter une *soft skill* et de travailler sur l'un de ses aspects clairement identifiables.

Il est intéressant de noter que, même si aucune capacité parmi les vingt-deux n'est identique, elles peuvent présenter certaines zones de recoupement, probablement liées à des sous-capacités en commun ! C'est là un des aspects passionnants du développement des *soft skills* : le fait de développer une capacité ou une *soft skill* permettra très souvent de progresser dans une ou plusieurs autres capacités ou *soft skills*.

Important ! À titre de rappel, si avant de plonger dans le cœur du modèle H10, vous vous interrogez sur sa validité et sa construction, n'hésitez pas à revenir quelques pages en arrière : tout y est détaillé. Et souvenez-vous qu'il n'existe aucune vérité absolue en matière de *soft skills*. Le modèle détaillé ci-dessous pourra être amené à évoluer au fil des années. Nous vous invitons à utiliser ce modèle et son contenu comme un guide, mais à conserver néanmoins une démarche de veille active pour vous tenir à jour des dernières avancées en la matière.

CHAPITRE 4

La communication

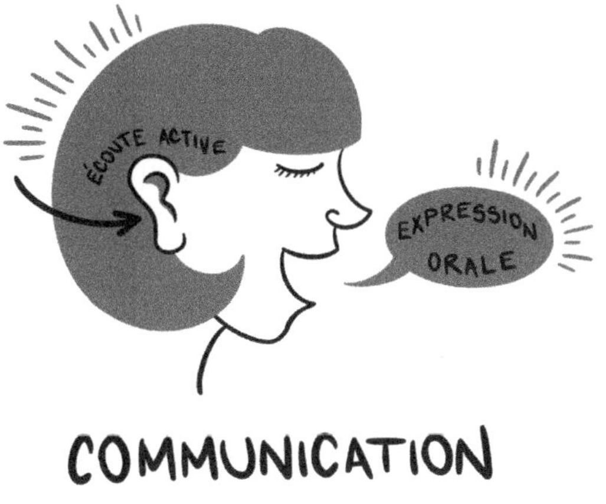

La communication est une compétence qui prend de plus en plus d'importance dans notre société, notamment pour travailler en équipe. Elle permet de s'exprimer de manière fluide et pertinente, avec les bons concepts et le bon ton, pour transmettre des informations de la manière la plus efficace possible. Cette compétence comprend deux aspects essentiels que sont l'écoute active (1) et l'expression orale (2).

Contrairement aux idées reçues, la communication ne consiste pas seulement à bien s'exprimer, mais également à bien écouter. Car les bons communicants sont avant tout ceux qui sont capables de s'adapter à leur auditoire et de rester ouverts, pour lui faire comprendre et accepter leurs messages. Et pour y parvenir, il faut savoir écouter !

Quelques exemples de métiers – parmi beaucoup d'autres – pour lesquels la maîtrise de la communication peut être très utile : serveur·se, réceptionniste, secrétaire, agent·e immobilier·e, pharmacien·ne, enseignant·e.

1. L'ÉCOUTE ACTIVE

L'écoute active est l'une des deux capacités clés de la communication. Elle permet d'accorder toute son attention à ce que disent les autres sans les interrompre, pour prendre le temps de vraiment comprendre les informations exprimées et créer un climat propice à l'échange ouvert. Comme disait Pythagore : « Qui parle sème ; qui écoute récolte. »

Niveau 0

Un déficit en écoute active se caractérise par le fait de ne pas réellement s'intéresser à ce que dit l'autre. Ce n'est pas parce que cela arrive de temps en temps que vous avez nécessairement un déficit fondamental d'écoute active. En revanche si c'est régulier et fréquent, alors travailler cette capacité peut s'avérer utile. En effet, le déficit d'écoute active est une cause forte d'incompréhensions et de difficultés relationnelles. Et faire semblant d'écouter ne résoudra pas durablement ce point !

Niveau 1

Au niveau basique de l'écoute active, il s'agit surtout de savoir écouter sans interrompre et de montrer des signes visibles et sincères d'intérêt pour ce que l'interlocuteur est en train de dire. Autrement dit, savoir se vider la tête afin d'être disponible pour l'autre.

> ***Exemple***
>
> Résumer une conversation de plusieurs minutes en arrivant à identifier les éléments principaux.

Niveau 2

Au niveau intermédiaire de l'écoute active, il s'agit d'écouter sans interrompre et montrer des signes d'intérêt, ainsi que pouvoir reformuler, résumer et évaluer ce qui vient d'être dit. Il peut s'agir également de poser des questions pour obtenir des précisions ou clarifications.

> ***Exemple***
>
> S'assurer d'avoir bien compris le contenu d'un échange en demandant des détails ou reformulations sans donner son point de vue.

Niveau 3

Au niveau avancé de l'écoute active, en plus de la capacité à écouter sans interrompre et de la capacité à reformuler, à résumer et à évaluer, on peut comprendre et verbaliser les sensations et le langage non verbal de l'interlocuteur, pour se concentrer sur ce que l'autre vit, davantage que sur ce qu'il ou elle dit.

> ***Exemple***
>
> Suivre un débat puis reformuler objectivement les points de vue de deux personnes en conflit, en parvenant à mettre les bons mots sur leurs émotions et ressentis respectifs.

CONSEILS PRATIQUES

Comment développer la capacité d'écoute active ?

Pour développer l'écoute active, il existe quelques techniques simples. Par exemple, lorsqu'une personne parle, ne pas lui couper la parole, et arrêter toute autre activité pour réellement écouter et s'intéresser à ce qu'elle dit. Dans cette écoute, il est nécessaire d'analyser pour comprendre, mais de ne pas juger ou interpréter, pour garder l'esprit ouvert. En revanche, exprimer son ressenti est une excellente manière de montrer à l'interlocuteur un intérêt pour ce qu'il dit. Enfin, il peut être bénéfique de reformuler et résumer ce que l'interlocuteur vient de dire, et de poser des questions si certains aspects ne paraissent pas clairs. De manière générale, il est important de s'intéresser à son attitude et à sa posture en situation d'écoute, et l'améliorer pour envoyer les bons signaux à son interlocuteur.

2. L'EXPRESSION ORALE

L'expression orale est l'une des deux capacités clés de la communication. Elle permet de transmettre des informations, idées ou opinions de manière claire, efficace et convaincante tout en étant réceptif aux propositions.

Niveau 0

Un déficit en expression orale se caractérise par l'incapacité à utiliser le bon niveau de vocabulaire, de grammaire, d'intonation ou de débit de voix dans une situation donnée, ce qui nuit à la communication avec l'autre. Ce n'est pas parce que cela arrive d'être maladroit à l'oral que vous avez nécessairement un déficit fondamental d'expression orale.

En revanche, si c'est régulier et fréquent, travailler cette compétence peut s'avérer utile. En effet, le déficit d'expression orale peut décourager votre audience même la plus patiente et attentive !

Niveau 1

Au niveau basique de l'expression orale, il s'agit surtout de pouvoir formuler des phrases simples visant à décrire ses besoins ou une situation, et également de pouvoir répondre à des questions simples de manière pertinente.

> ***Exemple***
>
> Raconter sa journée de manière claire et structurée avec des phrases simples.

Niveau 2

Le niveau intermédiaire de l'expression orale consiste à pouvoir décrire, raconter, répondre à des questions et interagir, à propos de ses besoins, de ses intérêts et de son expérience, avec le bon niveau de langage et d'intonation.

> ***Exemple***
>
> Tenir un débat d'experts avec quelqu'un sur un sujet en particulier, en proposant des phrases argumentées dans un cadre logique.

Niveau 3

Au niveau avancé de l'expression orale, on est capable de comprendre l'enjeu de la situation, et de pouvoir adapter son style discursif : narratif, argumentatif ou explicatif. Cela implique également de maîtriser sa communication en utilisant de manière coordonnée et appropriée le langage verbal et non verbal (gestes, regards, attitudes).

Exemple

Improviser une prise de parole devant un public de plusieurs personnes dans une situation de crise, et obtenir leur soutien.

CONSEILS PRATIQUES

Comment développer la capacité d'expression orale ?

Pour développer l'expression orale, le meilleur moyen est de parler régulièrement avec d'autres personnes, quel que soit leur niveau, pour s'habituer à formuler des phrases et récits structurés dans n'importe quel contexte. Une solution complémentaire peut être de s'entraîner en solo et de s'enregistrer ! Le fait d'écouter des podcasts ou des débats permet de s'imprégner et de s'inspirer de certains styles, tournures et mots. Enfin, la pratique du théâtre est littéralement une école de l'expression orale, notamment pour obtenir des retours, et travailler distinctement les différents aspects de cette capacité : ton de la voix, vitesse de parole, articulation, gestuelle, posture, regard, respiration. Il faut généralement beaucoup de temps, de pratique et de conscience de soi pour développer tous les aspects de l'expression orale. Autant que possible, comme pour tous les sujets liés à soi, il peut être bénéfique de demander des conseils d'amélioration autour de soi.

CHAPITRE 5

La collaboration

La collaboration est une compétence fondamentale pour le travail en équipe. Elle permet à un groupe de personnes d'atteindre ensemble un objectif commun grâce à la bonne coordination de l'énergie et des compétences de chacun. Cette compétence comprend trois aspects distincts : la capacité d'autogestion (1), qui optimise la gestion de son temps et l'adaptation aux changements ; la capacité de contribution proactive (2), qui facilite le fonctionnement en intelligence collective ; et la communication écrite (3), qui permet de comprendre et de s'exprimer de manière fluide par écrit.

Contrairement aux idées reçues, la collaboration ne se limite pas à être sympathique avec les autres pour que tout se passe bien. Collaborer signifie avant tout trouver et accepter la place dans laquelle il est possible de contribuer au mieux à l'atteinte des objectifs tout en aidant les autres à faire de même.

Quelques exemples de métiers pour lesquels la maîtrise de la collaboration peut être très utile : auxiliaire de puériculture, chef·fe de projet, manager.

1. L'AUTOGESTION

La capacité d'autogestion est l'une des trois capacités essentielles de la collaboration. Elle permet de gérer efficacement son temps et celui des autres, et d'adapter son fonctionnement pour atteindre les objectifs lorsque les conditions changent. C'est un facteur clé de l'autonomie.

Niveau 0

Un déficit en autogestion se caractérise par l'incapacité à s'organiser et à planifier son travail et/ou celui des autres. Ce déficit peut être associé à une tendance à procrastiner, voire à se décourager face aux challenges, notamment en raison de difficultés à adapter son organisation personnelle en fonction de la situation. Ce n'est pas parce que de temps à autre vous n'arrivez pas à bien vous organiser que vous avez nécessairement un déficit d'autogestion. Mais si cela arrive régulièrement, alors mieux vaut faire le nécessaire pour résoudre ce problème, qui peut impacter durablement votre confiance en vous-même et votre capacité à vous motiver.

Niveau 1

Au niveau basique de l'autogestion, il s'agit de pouvoir planifier votre travail quotidien. Autrement dit, de savoir découper votre journée de travail en une liste de tâches simples (*to-do list*), tout en priorisant le niveau d'importance de chaque tâche, et de s'y tenir.

> ***Exemple***
>
> Structurer sa journée de travail avec une *to-do list* et s'y tenir.

Niveau 2

Au niveau intermédiaire de l'autogestion, en plus de planifier votre travail quotidien, vous êtes capable de formaliser le découpage et la répartition des tâches les plus pertinentes entre vous et le reste du groupe, de sorte à pouvoir adapter votre organisation de manière optimale en cas d'imprévu en cours de route.

> ***Exemple***
>
> Adapter la répartition des tâches dans un groupe suite à un changement imprévu (départ d'un membre, modification du projet).

Niveau 3

Au niveau avancé de l'autogestion, vous pouvez planifier votre travail quotidien et celui des autres, vous adapter efficacement aux imprévus, et vous parvenez à identifier les leviers d'amélioration de gestion du temps chez vous-même et chez les autres. À ce stade, la planification et l'adaptation sont naturelles pour vous et ne vous demandent que peu d'effort.

> ***Exemple***
>
> Aider efficacement des personnes à améliorer durablement leur gestion du temps selon leur contexte.

CONSEILS PRATIQUES

Comment développer la capacité d'autogestion ?

Développer l'autogestion suppose un travail dit métacognitif, autrement dit nécessitant la prise de recul, pour être en pleine conscience de ses propres agissements et limites. Pour développer cette capacité très concrètement, il est nécessaire de stimuler le sentiment d'initiative, par exemple en se lançant dans un projet dont la réalisation dépend vraiment de soi. Dans ce même projet, le fait de planifier clairement les tâches et les objectifs permettra de mieux s'organiser. Enfin, pour une autogestion pleinement développée, il est nécessaire de savoir prendre ses responsabilités, et donc pouvoir mener une rétrospective objective de ce projet, pour voir ce qui a fonctionné ou non. L'intention ici n'est en aucun cas de pointer un coupable, mais d'apprendre pour l'avenir !

2. LA CONTRIBUTION COLLECTIVE

La capacité de contribution collective est l'une des trois compétences clés de la collaboration. Elle permet de construire des relations participatives et coopératives par le partage de ressources, la mise en commun des intérêts individuels et la contribution active à l'atteinte des objectifs du groupe.

Niveau 0

Un déficit en contribution collective se caractérise par l'incapacité à travailler en équipe sans être la cause systématique de conflits ou blocages. Cela peut arriver en refusant d'écouter les opinions ou conseils des autres, en mettant une mauvaise ambiance, ou en rejetant tout compromis. Ce n'est pas parce que de temps à autre vous subissez quelques accrochages dans un groupe que vous avez nécessairement un déficit en contribution collective. Mais si c'est fréquent, alors vous devriez songer à jouer davantage en équipe, sans quoi il vous sera difficile d'être utile à un groupe, ou de faire en sorte qu'un groupe puisse vous être utile. Et on a tous besoin des autres tôt ou tard !

Niveau 1

Au niveau basique de la contribution collective, il s'agit de pouvoir donner son opinion au sein d'un groupe de manière constructive, tout en faisant preuve d'ouverture face aux remarques et aux critiques, de sorte à reconnaître lorsque vous avez tort. Il s'agit également de reconnaître et valoriser les idées et opinions proposées par d'autres personnes, même si ce ne sont pas les vôtres.

> ***Exemple***
>
> Admettre sincèrement et sans rancœur que l'idée d'une autre personne est meilleure que la vôtre.

Niveau 2

Au niveau intermédiaire de la contribution collective, il s'agit de donner son opinion de façon constructive et de valoriser les apports des autres, de déceler les sous-entendus et les non-dits. Il s'agit également d'être capable de jouer un rôle de médiation pour permettre à des membres du groupe de mieux se comprendre et se respecter.

> ***Exemple***
>
> Identifier les intérêts et ressources de chacun pour définir les rôles dans un projet commun.

Niveau 3

Au niveau avancé de la contribution collective, il s'agit d'avoir une attitude constructive et valorisante qui fait avancer le groupe vers son objectif, et surtout de savoir laisser la place aux personnes qui veulent jouer un rôle dans le groupe. À ce stade, vous êtes capable de déceler les non-dits et les sous-entendus, et de vous en servir pour désamorcer la plupart des situations qui pourraient mener à des tensions, pour faire avancer le groupe.

> ***Exemple***
>
> Désamorcer un conflit avec succès dans un groupe en facilitant la discussion.

CONSEILS PRATIQUES

Comment développer la capacité de contribution collective ?

Pour développer la capacité de contribution collective, il ne faut pas tourner autour du pot : il faut faire partie d'un groupe de personnes et travailler sur un sujet commun ! Plus concrètement, on développe la contribution collective en apprenant à échanger des opinions et retours de manière respectueuse, ouverte et enthousiaste. Cela nécessite généralement des années de pratique, notamment pour être en mesure d'accepter les opinions des autres, ou encore les retours qu'ils nous font sur nos propos ou notre comportement. Un autre levier important dans le développement de la contribution collective est de s'habituer à valoriser les initiatives et opinions des autres, pour créer une dynamique positive et un sentiment de sécurité psychologique. C'est la clé du collectif !

3. LA COMMUNICATION ÉCRITE

La communication écrite est l'une des trois capacités clés de la collaboration. Elle permet de transmettre par écrit des messages maîtrisés et adaptés selon le public, et également de comprendre ce que d'autres ont écrit, notamment dans un contexte de travail.

Niveau 0

Un déficit en communication écrite se caractérise par l'incapacité à rédiger ou à comprendre un message clair. La difficulté à rédiger un message clair peut provenir de différents éléments : message trop long ou trop court, mauvais choix des mots, structure peu cohérente, divagations. Ce n'est pas parce qu'il peut vous arriver d'être maladroit que vous avez nécessairement un déficit en communication écrite. Mais si c'est régulier, alors il est important d'améliorer cet aspect, car par écrit, les autres n'ont que les mots pour vous comprendre. Moins votre message est clair, plus les interprétations sont possibles, et à votre détriment !

Niveau 1

Au niveau basique de la communication écrite, il s'agit d'informer de manière objective et claire sur une situation en cours, en utilisant le niveau de langage et le support adaptés à vos interlocuteurs (e-mail, présentation, document Word, etc.). Il s'agit donc que vos interlocuteurs comprennent ce que vous avez voulu transmettre avec votre message.

> ***Exemple***
>
> Rédiger un e-mail clair et objectif qui résume le déroulement d'une situation ou d'un projet.

Niveau 2

Au niveau intermédiaire de la communication écrite, en plus de pouvoir informer clairement, il s'agit de pouvoir convaincre grâce à votre message, en structurant des arguments logiques qui augmentent vos chances que votre position soit retenue.

> ***Exemple***
>
> Convaincre des interlocuteurs par écrit que votre opinion sur un sujet donné est la plus pertinente pour le collectif.

Niveau 3

Au niveau avancé de la communication écrite, en plus de parvenir à informer et convaincre par écrit, il s'agit de pouvoir présenter des sujets complexes et nouveaux, et échanger efficacement avec plusieurs interlocuteurs pour leur faire comprendre les enjeux à prendre en compte. À ce niveau, il s'agit d'intégrer, de négocier et de convaincre des personnes de s'intéresser à votre projet ou sujet, aussi innovant ou complexe soit-il.

> ***Exemple***
>
> Faire comprendre à des interlocuteurs l'importance de s'intéresser à votre projet et négocier les ressources nécessaires.

CONSEILS PRATIQUES

Comment développer la capacité de communication écrite ?

Pour développer la communication écrite, il est bien évidemment nécessaire d'écrire (e-mails, lettres, messages), mais surtout de demander à vos interlocuteurs leur ressenti en lien avec vos communications, et d'en tenir compte, car un ressenti est indiscutable ! Ils sauront vous dire si vous parvenez à véhiculer vos messages avec le bon niveau de clarté et le bon niveau d'empathie. En effet, ces deux éléments sont probablement les plus importants à prendre en compte. Si vous êtes en mesure d'aller droit au but pour exprimer l'objectif de votre message, et que vous parvenez à le faire en tenant compte de la manière dont cela sera interprété, alors vous aurez réussi ! Pour aller plus loin dans le développement de la communication écrite, il est bénéfique sur le long terme de lire beaucoup (livres, articles) pour mémoriser les tournures et l'orthographe.

CHAPITRE 6

L'influence

L'influence est une compétence très subtile qui implique fortement la capacité à comprendre le fonctionnement et les ressentis des autres. On la retrouve chez les leaders. De manière générale, cette compétence permet de persuader, de motiver, de guider. Elle se compose principalement de deux aspects : la perception sociale (1), pour être conscient des réactions des autres et les comprendre ; et la capacité de persuasion et de motivation (2), pour adapter ses arguments et son attitude au fonctionnement de son interlocuteur.

Contrairement aux idées reçues, l'influence n'est pas du tout la même chose que la manipulation. Alors que la manipulation vise plutôt à servir ses propres intérêts, l'influence n'est ni bonne ni mauvaise, elle dépend de ce que l'on en fait. C'est certainement une compétence à manier avec précaution, mais elle peut s'avérer très utile pour motiver une personne ou un groupe à se dépasser.

Quelques exemples de métiers parmi beaucoup d'autres pour lesquels la maîtrise de l'influence peut être très utile : vendeur·se, assistant·e de direction, *community manager*, consultant·e, diplomate.

1. LA PERCEPTION SOCIALE

La perception sociale est l'une des deux capacités clés de l'influence. Elle permet d'être conscient des réactions des autres et de comprendre pourquoi ils réagissent ainsi.

Niveau 0

Un déficit en perception sociale se caractérise par l'incapacité à comprendre les réactions des autres. Cela se produit notamment lorsque vous ne parvenez pas à comprendre le comportement d'une personne, ou pourquoi elle agit ainsi. Ce n'est pas parce qu'il peut vous arriver de ne pas comprendre certaines réactions que vous avez nécessairement un déficit en perception sociale, mais lorsque cela vous est souvent reproché, il est primordial d'accorder plus d'importance à ce que peuvent ressentir les autres, sans quoi cela pourrait être perçu comme un manque d'empathie, voire de respect de votre part.

Niveau 1

Au niveau basique de la perception sociale, il s'agit de parvenir à distinguer sans aucune aide lorsqu'une personne ressent des émotions fortes, positives ou négatives, à votre égard.

> ***Exemple***
>
> Se rendre compte qu'une personne vous en veut sans qu'elle ait besoin de vous le dire.

Niveau 2

Au niveau intermédiaire de la perception sociale, en plus de pouvoir identifier les émotions qui sous-tendent les réactions des autres, il s'agit également de comprendre l'origine de ces réactions, notamment si vous êtes impliqué ou non.

> ***Exemple***
>
> Déterminer les raisons de l'énervement d'une personne sans qu'elle ait besoin de vous le dire.

Niveau 3

Au niveau avancé de la perception sociale, en plus d'identifier et comprendre les émotions et réactions d'une personne, il s'agit surtout de cerner ses intentions, attentes et liens, autant à votre égard qu'à l'égard des autres. À ce stade, la déduction joue un rôle essentiel.

> ***Exemple***
>
> Dans le cadre d'un projet complexe, identifier les alliés et les opposants au projet par déduction sans qu'ils se prononcent.

CONSEILS PRATIQUES

Comment développer la capacité de perception sociale ?

Pour développer la perception sociale, il est nécessaire de développer la sensation, la perception et l'interprétation. Le développement des sens est critique pour bien interpréter une situation, car sans les informations fournies par nos sens, il est impossible de comprendre son environnement. Pour développer la perception, il faut vivre de nombreuses situations différentes, et donc savoir sortir de sa zone de confort pour avoir des interactions inhabituelles. Et pour mieux interpréter, rien de tel que de demander à ses interlocuteurs d'expliquer leurs réactions lorsque c'est possible.

2. PERSUASION ET INSPIRATION

La capacité de persuasion et d'inspiration, ou capacité d'entraînement, est l'une des deux compétences clés de l'influence. Elle permet de faire changer les autres d'avis ou de comportement, de les motiver et de les guider dans l'atteinte d'objectifs.

Niveau 0

Un déficit en persuasion et inspiration se caractérise par l'incapacité à susciter l'adhésion des autres à ses idées ou visions. Cela arrive quand vous ne parvenez jamais à faire changer les autres d'avis, comme si les autres n'étaient pas du tout à votre écoute. Ce n'est pas parce que vous ne gagnez pas à tous les coups que vous avez nécessairement un déficit en persuasion et inspiration, mais si cela se produit fréquemment, il peut être utile de travailler votre comportement et vos arguments, sans quoi il vous sera très difficile de fédérer des gens autour d'un projet commun.

Niveau 1

Au niveau basique de la persuasion et de l'inspiration, il s'agit de parvenir à faire changer des personnes d'avis sur leurs convictions volontairement, sans avoir recours à la force ni à aucun stratagème.

> ***Exemple***
>
> Faire changer d'avis une personne lors d'un débat ou d'une discussion informelle.

Niveau 2

Au niveau intermédiaire de la persuasion et de l'inspiration, en plus d'arriver à faire changer d'avis les autres, il s'agit de parvenir à motiver un groupe de personnes à adhérer sans réserve à un projet commun, sur la base de la confiance mutuelle.

> ***Exemple***
>
> Motiver un groupe de personnes à travailler ensemble autour d'un nouveau projet.

Niveau 3

Au niveau avancé de la persuasion et de l'inspiration, en plus de pouvoir faire changer d'avis et fédérer autour d'un projet, il s'agit de parvenir à motiver et guider les autres pour qu'ils parviennent à persuader eux-mêmes d'autres personnes de rejoindre le projet ou la vision.

Exemple

Créer avec succès un réseau d'ambassadeurs capables de recruter de nouveaux membres motivés par votre vision.

CONSEILS PRATIQUES

Comment développer la capacité de persuasion et d'inspiration ?

Pour développer la persuasion et l'inspiration, le plus important est sans aucun doute de savoir reconnaître et apprécier sincèrement la valeur chez ses interlocuteurs. Cela nécessite de mettre de côté ses préjugés et opinions, pour se forcer en toute bonne foi à voir les aspects positifs. Lorsqu'une personne se sent valorisée sans faux-semblant, elle aura plus tendance à être à l'écoute d'alternatives. Un autre levier important est la capacité à inclure les besoins des personnes dans l'objectif poursuivi. Cela peut impliquer le compromis, ou parfois simplement une reformulation plus inclusive. En parvenant à sincèrement apprécier les gens, et à tenir compte de leurs besoins, il devient possible de persuader et d'inspirer un grand nombre de personnes.

CHAPITRE 7

La gestion d'équipe

La gestion d'équipe est la compétence de base de tout bon capitaine, et fait partie de l'arsenal du leader. Elle permet tout simplement de composer la meilleure équipe possible, et de la faire fonctionner. Cette compétence présente principalement deux aspects : la capacité de négociation (1), pour trouver un terrain d'entente entre les membres du groupe ; et la capacité de projection humaine (2), pour identifier le rôle le mieux adapté pour chacun, tout en aidant à garder la motivation et l'envie de s'améliorer.

Contrairement aux idées reçues, la gestion d'équipe ne se résume pas à la vision hollywoodienne du super entraîneur de sport capable de fédérer une équipe de fortes têtes pour gagner un championnat. Cette compétence peut se retrouver dans chaque petite action du quotidien, dès lors que quelques personnes doivent travailler ensemble.

Quelques exemples de métiers pour lesquels la maîtrise de la gestion d'équipe peut être très utile : chef·fe cuisinier·e, sage-femme/maïeuticien, acheteur·se, ingénieur·e commercial·e, manager.

1. LA NÉGOCIATION

La capacité de négociation est l'une des deux capacités clés de la gestion d'équipe. Elle permet de rassembler des personnes et créer les conditions pour se mettre d'accord.

Niveau 0

Un déficit en négociation se caractérise par l'incapacité à trouver des compromis satisfaisants pour vous et/ou les autres. Cela se produit lorsque vos arguments ne suffisent pas à conclure un accord, ou que cet accord est imposé contre au moins l'une des volontés en présence. Ce n'est pas parce qu'il peut vous arriver de perdre une négociation que vous avez nécessairement un déficit sur le sujet, mais lorsque c'est fréquent, alors il peut être utile de chercher à développer cette capacité, qui peut faire bien des heureux, à commencer par vous-même.

Niveau 1

Au niveau basique de la négociation, il s'agit de parvenir à trouver un accord avec quelqu'un sur un sujet commun (une transaction, une décision, un projet, etc.), de sorte à vous satisfaire tous les deux.

> ***Exemple***
>
> Trouver un accord avec une collègue sur la répartition d'un travail de groupe après un premier refus de sa part.

Niveau 2

Au niveau intermédiaire de la négociation, en plus de parvenir à un accord satisfaisant, il s'agit de le faire pour plusieurs personnes, sur un sujet dans lequel vous n'êtes pas directement impliqué.

> ***Exemple***
>
> Négocier avec succès le rabais sur le prix d'une vente, avec un accord mutuel satisfaisant pour les deux parties.

Niveau 3

Au niveau avancé de la négociation, en plus de parvenir à un accord pour soi ou les autres, il s'agit surtout d'identifier en amont les préférences, priorités et réactions de vos interlocuteurs, pour anticiper votre négociation en jouant sur leurs points sensibles.

> ***Exemple***
>
> Conclure une négociation *a priori* perdue d'avance, grâce à la connaissance approfondie que vous avez de vos interlocuteurs.

CONSEILS PRATIQUES

Comment développer la capacité de négociation ?

Pour développer la capacité de négociation, il est essentiel de savoir écouter et de rechercher le compromis bénéfique pour tous. Alors seulement il devient possible de négocier au mieux pour soi. Cela implique de savoir reformuler les propos des autres, mais également de connaître leurs sensibilités et préférences. La clé de l'amélioration en négociation est de savoir bien se préparer : se renseigner sur les individus, sur les relations entre eux, et sur les différents points qui constituent la négociation en elle-même. Un bon négociateur est toujours renseigné sur les individus, leurs relations et la négociation !

2. LA PROJECTION HUMAINE

La capacité de projection humaine est l'une des deux capacités clés de la gestion d'équipe. Elle permet d'identifier la meilleure place dans l'équipe pour chacun, et de rester dans une démarche active visant à aider les autres à se motiver et se développer dans leur travail.

Niveau 0

Un déficit en projection humaine se caractérise par l'incapacité systématique à guider une équipe vers l'atteinte de résultats. Cela se produit lorsque vous ne parvenez pas à motiver un groupe, ni à trouver la bonne place pour chacun, et que les actions produites par le groupe ne délivrent pas les résultats attendus. Ce n'est pas parce qu'il peut vous arriver de ne pas voir immédiatement le talent chez les autres, ou la manière de les motiver, que vous avez nécessairement un déficit de projection humaine. Mais si c'est fréquent, alors il est important de développer votre envie d'aider les autres et de voir comment ils peuvent créer de la valeur, sans quoi il vous sera difficile de mener une équipe au succès.

Niveau 1

Au niveau basique de la projection humaine, il s'agit de savoir se mettre sincèrement au service des autres, tout en comprenant comment eux-mêmes pourraient aider d'autres personnes.

> ***Exemple***
>
> Remonter efficacement le moral d'une personne affectée par un événement malheureux (rupture, conflit, etc.).

Niveau 2

Au niveau intermédiaire de la projection humaine, en plus d'aider les autres et comprendre leur potentiel, il s'agit de les motiver et de les guider pour leur permettre de s'améliorer.

> ***Exemple***
>
> Accompagner activement et efficacement un collègue dans sa recherche d'emploi.

Niveau 3

Au niveau avancé de la projection humaine, en plus d'aider les autres et de savoir les coacher, il s'agit surtout de constituer une équipe complémentaire où chacun est motivé à l'idée de jouer son rôle pour le groupe.

> ***Exemple***
>
> Monter de toutes pièces une équipe compétente, complémentaire et motivée.

CONSEILS PRATIQUES

Comment développer la capacité de projection humaine ?

Pour développer la capacité de projection humaine, il est primordial de s'intéresser réellement et continuellement aux personnes, ce qui les motive au quotidien, leurs réactions, leur vie. Il n'y a pas de voie rapide ou de contournement. Ensuite, il est bien évidemment important de comprendre l'objectif à atteindre, et d'apprendre à identifier les compétences nécessaires pour réussir. À partir des personnes et des objectifs, il est possible d'organiser une équipe de manière efficace, en les impliquant le plus possible dans la recherche de solutions, afin de trouver le meilleur compromis pour chacun.

CHAPITRE 8

La transmission

La transmission est une compétence cruciale pour faire circuler les savoirs, savoir-faire et savoir-être. Elle distingue les grands leaders des autres, et permet d'identifier la meilleure manière d'enseigner un sujet tout en s'adaptant au mode d'apprentissage préféré de l'apprenant. Cette compétence comporte deux aspects principaux : les stratégies d'apprentissage (1), pour identifier et utiliser la méthode de formation la mieux appropriée ; et la capacité d'enseignement (2), pour rendre efficace cet enseignement auprès de l'apprenant.

Contrairement aux idées reçues, la transmission n'est pas une compétence réservée aux mentors ou aux enseignants. Que ce soit auprès de sa famille, de ses proches ou de collègues, il est toujours utile de pouvoir transmettre des connaissances, et permettre aux autres de se développer.

Quelques exemples de métiers parmi beaucoup d'autres pour lesquels la maîtrise de la transmission peut être très utile : artisan·e, styliste personnel·le, assistant·e juridique, formateur·rice, médiateur·rice.

1. LES STRATÉGIES D'APPRENTISSAGE

La capacité à gérer ses stratégies d'apprentissage est l'une des deux capacités clés de la transmission. Elle permet d'identifier et d'utiliser la méthode de formation la mieux adaptée pour apprendre et enseigner quelque chose dans un contexte donné.

Niveau 0

Un déficit en stratégies d'apprentissage se caractérise par l'incapacité systématique à faire évoluer les comportements que vous adoptez habituellement en phase d'apprentissage. Cela se produit notamment lorsque vous répétez constamment les mêmes erreurs sans rien changer à vos méthodes. Si cela vous arrive fréquemment, alors il est utile de développer vos stratégies d'apprentissage et d'apprendre de vos erreurs, sans quoi vous vous condamnez à vivre encore et encore les mêmes échecs et déconvenues.

Niveau 1

Au niveau basique des stratégies d'apprentissage, il s'agit de savoir mémoriser avec succès de nouvelles connaissances, en parvenant à identifier des moyens d'améliorer ses méthodes.

> ***Exemple***
>
> Faire évoluer avec succès sa manière d'apprendre une leçon, ou de retenir des informations sur un sujet précis.

Niveau 2

Au niveau intermédiaire des stratégies d'apprentissage, en plus de savoir apprendre et améliorer ses méthodes, il s'agit de savoir identifier les méthodes et approches qui permettent d'enseigner au mieux à quelqu'un d'autre.

> ***Exemple***
>
> Enseigner avec succès des connaissances dans une discipline donnée (éducation, sport, musique, etc.) à un groupe de quelques personnes en s'adaptant à chacun.

Niveau 3

Au niveau avancé des stratégies d'apprentissage, en plus de savoir apprendre et savoir enseigner avec succès, il s'agit de savoir conceptualiser des méthodes et stratégies d'apprentissage pour permettre à d'autres de mieux apprendre par eux-mêmes et mieux enseigner.

> ***Exemple***
>
> Développer une pédagogie innovante dans une discipline donnée (éducation, sport, musique, etc.) et la partager grâce à un support (ouvrage, vidéo...).

CONSEILS PRATIQUES

Comment développer la capacité de stratégies d'apprentissage ?

Pour développer la capacité de stratégies d'apprentissage, il est aussi nécessaire de comprendre le sujet à enseigner que de connaître les méthodologies et modalités existantes. Ainsi, avant même de pouvoir choisir la bonne stratégie, il faut apprendre celles qui existent (par exemple : lecture, écoute, pratique, résolution de problèmes, test). Il faut également maîtriser le sujet, généralement avec un niveau de profondeur plus important que ce qui va être enseigné. C'est là l'une des rares capacités pour laquelle des connaissances préalables méthodologiques et thématiques sont réellement nécessaires. Idéalement, pour réussir, il est important de connaître les préférences d'apprentissage de la population cible, ce qui peut passer par un sondage ou équivalent.

2. ENSEIGNEMENT ET MÉDIATION

La capacité d'enseignement et de médiation est l'une des deux capacités clés de la transmission. Cette capacité complexe permet d'apprendre aux autres comment faire quelque chose, en leur faisant comprendre la bonne marche à suivre, et en les faisant réfléchir de la manière la mieux adaptée à la situation. Elle permet également de débloquer des situations conflictuelles entre des personnes.

Niveau 0

Un déficit en capacité d'enseignement et de médiation se caractérise par l'incapacité systématique à transmettre des savoir-faire et savoir-être. Cela se produit lorsque vous ne parvenez pas à expliquer à d'autres comment faire telle ou telle chose, parce que ces personnes ne vous comprennent pas et que vous ne parvenez pas à penser comme elles. Ce n'est pas parce que vous butez à enseigner certaines choses à certaines personnes que vous avez nécessairement un déficit, mais si c'est systématique, alors cela vaut le coup d'essayer de vous améliorer sur ce sujet. Sans cela, il vous sera difficile de vraiment comprendre les autres, et donc difficile de les aider ou de leur transmettre ce qui vous tient à cœur.

Niveau 1

Au niveau basique de l'enseignement et de la médiation, il s'agit de savoir montrer, expliquer et transmettre avec succès à une autre personne un savoir-faire que vous possédez, en levant les doutes et craintes potentielles de la personne.

> ***Exemple***
>
> Apprendre avec succès à quelqu'un à utiliser une technique que vous maîtrisez dans un domaine particulier (sport, cuisine, artisanat, etc.).

Niveau 2

Au niveau intermédiaire de l'enseignement et de la médiation, en plus de savoir enseigner un savoir-faire, il s'agit de savoir régler un conflit entre deux ou plusieurs personnes de manière à contenter chacun.

> ***Exemple***
>
> Accompagner les personnes pour les aider à résoudre leurs conflits en leur enseignant comment s'écouter, se comprendre, et trouver une solution ensemble.

Niveau 3

Au niveau avancé de l'enseignement et de la médiation, en plus de savoir transmettre et savoir régler un conflit, il s'agit de savoir faire accepter le changement de leurs pratiques et habitudes à des personnes résistantes au changement.

> ### *Exemple*
>
> Aider un groupe de personnes à changer leurs habitudes pour qu'elles apprennent à mieux travailler ensemble.

CONSEILS PRATIQUES

Comment développer la capacité d'enseignement et de médiation ?

Pour développer la capacité d'enseignement et de médiation, il est important de chercher à décomposer les connaissances à transmettre en des unités de savoir plus petites et logiques. Les meilleurs enseignants ou médiateurs transmettent des histoires, et pas simplement des connaissances. Autrement dit, ce qu'ils disent a un sens et une progression logique. Pour atteindre ce niveau, il est possible de s'entraîner en racontant étape par étape des films ou des romans, par exemple. Selon les interlocuteurs, il est important d'adopter le juste niveau de détails : ni trop peu, ni pas assez. Et pour progresser sur cet aspect, rien de mieux que de demander ensuite à vos interlocuteurs leur ressenti.

CHAPITRE 9

L'anticipation

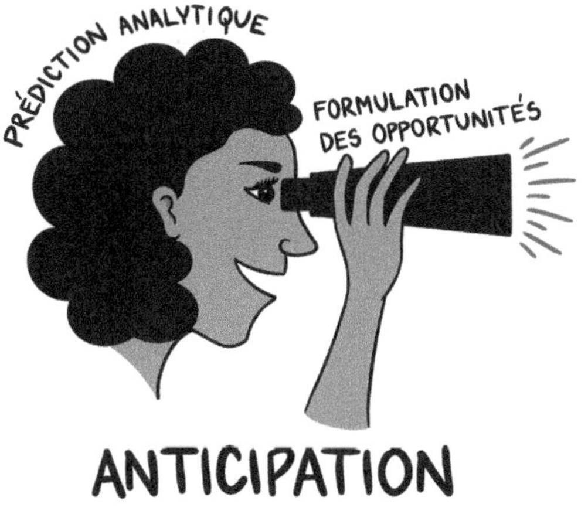

L'anticipation est une compétence au cœur de la pensée critique ; elle s'avère très utile dans la résolution de problèmes complexes. Elle permet par exemple d'envisager des situations qui ne se posent pas encore, pour identifier des problèmes potentiels et leurs solutions. Cette compétence se compose principalement de deux aspects : la capacité d'approche des problèmes (1), pour envisager une situation sous plusieurs angles et bien la comprendre ; et la capacité de prédiction analytique (2), pour tirer des conclusions et des prévisions à partir d'un ensemble d'informations.

Contrairement aux idées reçues, l'anticipation n'est pas réservée à Sherlock Holmes ou aux heureux propriétaires d'une boule de cristal. Nous sommes tous capables d'anticiper des situations en fonction de notre expérience et notre logique. Comme toutes les compétences, l'anticipation ne relève pas de la magie, mais se travaille et peut être développée !

Quelques exemples de métiers pour lesquels la maîtrise de l'anticipation peut être très utile : livreur·se, ingénieur·e, chef·fe de projet.

1. LA FORMULATION DES OPPORTUNITÉS

La capacité de formulation des opportunités est l'une des deux capacités clés de l'anticipation. Elle permet de réorganiser l'information pour bien comprendre une situation, identifier les sources et le cadre de problèmes pour imaginer plusieurs approches afin de les résoudre.

Niveau 0

Un déficit de formulation des opportunités se caractérise par une incapacité à identifier les sources exactes des difficultés rencontrées et/ou à envisager différentes approches pour y répondre. Cette capacité demande de prendre du recul sur ses tâches et ses pratiques pour envisager des solutions qui améliorent notre efficacité. L'absence de cette capacité entraîne des difficultés à remettre en question les pratiques établies et freine l'efficacité personnelle.

Niveau 1

Au niveau basique de la formulation des opportunités, il s'agit de bien organiser les informations pour comprendre les problèmes, et proposer ensuite plusieurs solutions potentielles.

Exemple

Lors d'un brainstorming pour résoudre un problème complexe, identifier et proposer plusieurs solutions pertinentes et concrètes répondant à différents aspects du problème.

Niveau 2

Au niveau intermédiaire, la formulation des opportunités consiste à regrouper les informations accessibles sur un sujet auprès de différents acteurs pour bien définir les limites et enjeux d'un problème puis de proposer un ensemble de solutions possibles qui soient variées et pertinentes.

Exemple

Rédiger une note de synthèse des informations disponibles pour mieux comprendre un projet, en synthétisant les problématiques et en proposant des solutions concrètes.

Niveau 3

Au niveau avancé de la formulation des opportunités, il s'agit de développer sur plusieurs années une réflexion sur une problématique précise, d'analyser l'ensemble des connaissances disponibles sur le sujet, d'émettre des hypothèses pour résoudre cette problématique et envisager / tester différentes solutions. Un niveau avancé permet aussi de contribuer à l'acquisition de connaissances par autrui, notamment en rédigeant des documents tels que des ouvrages ou des thèses.

Exemple

Pour répondre à un problème ayant des conséquences néfastes (crise économique ou sociale par exemple), proposer un plan d'action concret permettant d'améliorer la situation.

CONSEILS PRATIQUES

Comment développer la capacité de formulation des opportunités ?

Pour développer la capacité de formulation des opportunités, il est nécessaire d'entraîner à la fois son imagination et son esprit de synthèse. Pour bénéficier d'une imagination plus riche, on peut citer trois leviers majeurs : ouverture, observation, tentatives. Il faut donc savoir prendre le temps de faire preuve de curiosité, pour regarder, lire, écouter, sentir, toucher, et également essayer des activités qui nous sont inhabituelles, notamment en lien avec l'art, mais pas seulement. Les débats, le sport, les voyages, les conversations insolites ou irrationnelles fonctionnent aussi, tant que l'observation et l'action constituent une sortie de la zone de confort. Pour formuler ces opportunités générées de manière efficace et synthétique, il faut s'habituer à séparer les faits des opinions, le réel du probable, la nécessité de l'envie. Il s'agit donc de trier systématiquement les idées générées pour les rendre adaptées au sujet abordé. Idéalement, il faut également s'entraîner à illustrer son idée avec un exemple concret ou une comparaison que tout le monde peut comprendre. Au fur et à mesure, avec l'habitude, ces processus seront plus naturels.

2. LA PRÉDICTION ANALYTIQUE

La capacité de prédiction analytique est l'une des deux capacités clés de l'anticipation. Elle permet d'évaluer ses besoins en termes de connaissances, de les acquérir de différentes sources et d'en tirer des conclusions ou de développer des prévisions.

Niveau 0

Un déficit de prédiction analytique se caractérise par une mauvaise anticipation des besoins en termes de connaissances, capacités ou ressources pour assurer la réussite d'un projet. Cela se produit par exemple lorsque vous vous lancez dans un projet sans la préparation nécessaire, et que vous vous rendez compte que vous avez beaucoup trop sous-estimé le temps nécessaire sur ce projet. Ce n'est pas parce qu'il peut vous arriver de vous lancer un peu vite dans un projet que vous avez nécessairement un déficit de prédiction analytique. Mais si c'est systématique, alors il est important de travailler cet aspect, sans quoi vous risquez de vous retrouver en permanence dans des projets impossibles à terminer !

Niveau 1

Au niveau basique de la prédiction analytique, il s'agit surtout de savoir lister les connaissances ou compétences nécessaires pour mener un projet, et s'organiser pour acquérir celles qui manquent afin d'augmenter les chances de réussite du projet.

> ***Exemple***
>
> Demander à un collègue plus expérimenté de vous former sur un sujet en vue d'un projet à venir.

Niveau 2

Au niveau intermédiaire, la prédiction analytique consiste à envisager sur le moyen et court terme ses besoins en termes de connaissances et compétences pour être plus efficace au sein de son organisation.

> ***Exemple***
>
> Évaluer sur ses anciens projets les étapes ou tâches qui auraient pu être mieux menées.

Niveau 3

Au niveau avancé, la prédiction analytique permet d'anticiper sur plusieurs mois ou années les compétences requises pour son métier ou ceux de ses équipes pour devancer la concurrence ou répondre à de nouveaux besoins.

> ### *Exemple*
>
> Développer un plan de recrutement sur plusieurs années qui prend en compte les compétences attendues en fonction de l'évolution de son organisation, et ajuster ce plan fréquemment pour répondre aux demandes actuelles et futures.

CONSEILS PRATIQUES

Comment développer la capacité de prédiction analytique ?

Pour développer la capacité de prédiction analytique, le plus important est d'apprendre de chaque situation, et de s'autoriser à prédire les conséquences ou conclusions d'une situation donnée. En faisant régulièrement des pronostics, puis en cherchant à comprendre pour quelles raisons ces pronostics étaient justes ou non, il devient possible d'ajuster naturellement son modèle interne de prédiction. Il est impossible de pouvoir mener des prédictions dans tous les domaines, dont certains peuvent être très pointus ; c'est pourquoi il est critique de s'entraîner à faire ces prédictions dans autant de situations différentes que possible. En plus d'augmenter le niveau de polyvalence, certains liens systémiques pourront même émerger, et renforcer la capacité globale de prédiction analytique.

CHAPITRE 10

La pensée logique

La pensée logique est l'exemple d'une capacité intellectuelle par excellence dans notre société moderne. Elle permet d'identifier les incohérences et les problèmes et de réfléchir correctement face à ces situations, pour trouver les réponses les plus appropriées. Cette capacité comporte deux aspects principaux : la capacité d'identification active des problèmes (1), pour identifier un problème et comprendre ses implications ; et la capacité de raisonnement logique (2), pour identifier et évaluer les informations susceptibles de permettre la résolution du problème.

Contrairement aux idées reçues, la pensée logique n'est pas réservée aux robots ou aux joueurs d'échecs. Elle est indispensable à notre époque, notamment pour identifier de fausses informations (*fake news*), ou pour déceler un dysfonctionnement et évaluer ses options pour y faire face.

Quelques exemples de métiers pour lesquels la maîtrise de la pensée logique peut être très utile : électricien·ne, ingénieur·e, médecin généraliste, directeur·rice général·e.

1. LE RAISONNEMENT LOGIQUE

La capacité de raisonnement logique est l'une des deux capacités clés de l'analyse logique. Elle permet de savoir comment trouver les informations utiles pour une situation donnée, et d'utiliser la logique pour identifier les forces et faiblesses des solutions ou approches alternatives. Il ne faut pas oublier que raisonner signifie créer des inférences. Il s'agit donc de faire des liens entre des propositions que l'on estime vraies pour établir une vérité supérieure.

Niveau 0

Un déficit de raisonnement logique se caractérise par un manque d'identification des informations nécessaires à collecter pour pouvoir mener un projet. Il peut aussi se traduire par une incapacité à collecter et traiter les informations pour en tirer des conclusions utiles. Cela peut se produire lorsque vous vous lancez dans un projet en vous appuyant uniquement sur votre intuition, sans consulter des personnes impactées par le projet ayant des connaissances complémentaires. Il se peut aussi qu'à partir d'informations récoltées, vous accordiez trop d'importance aux avis de certaines personnes sans réussir à prendre des décisions. Réussir à identifier des solutions alternatives à partir d'informations diverses est une capacité qui se développe en travaillant sur des projets.

Niveau 1

Au niveau basique du raisonnement logique, il s'agit d'identifier les informations manquantes à la prise de décision, et de mettre en œuvre les moyens pour les collecter et les organiser.

> ***Exemple***
>
> Dans le cadre d'un projet pris en cours de route, collecter les informations sur l'historique du projet et les objectifs de celui-ci, pour vous assurer d'avoir une bonne compréhension du projet et de ses objectifs.

Niveau 2

Au niveau intermédiaire, le raisonnement logique consiste à adopter une démarche rigoureuse pour collecter l'ensemble des informations qui vous permettra d'être à jour sur le sujet que vous traitez et d'appliquer par la suite des critères objectifs pour traiter ces informations.

> ***Exemple***
>
> Organiser des entretiens avec les clients ou utilisateurs pour avoir leurs retours sur un nouveau produit. Classer leurs opinions et recommandations afin de pouvoir prendre des décisions sur le développement du produit.

Niveau 3

Au niveau avancé, le raisonnement logique permet de collecter l'ensemble des informations nécessaires pour positionner des entreprises, projets, produits sur le marché et en tirer des stratégies de développement ou de mise en œuvre.

> ***Exemple***
>
> Réaliser une analyse documentée et poussée de l'existant, avant de commencer son projet ou sa start-up, pour bien identifier la valeur ajoutée à apporter.

CONSEILS PRATIQUES

Comment développer la capacité de raisonnement logique ?

Pour développer la capacité de raisonnement logique, il faut d'abord une sincère envie d'être objectif et rationnel, et ne pas chercher à avoir raison à tout prix. Un moyen radical pour s'améliorer peut être de s'informer de manière poussée sur un sujet de société. En effet, les sujets qui font débat polarisent souvent les opinions, alors que la réalité est rarement noire ou blanche. Chercher à comprendre les nuances et détails, et débusquer les *fake news* permet de prendre conscience de la complexité ambiante, pour apprendre à réfléchir sans se précipiter. Un autre moyen, plus ludique, est de jouer à des jeux de société complexes (échecs, jeux de stratégie, etc.) qui développent la capacité à séquencer un raisonnement. Enfin, la lecture est une activité qui développe la capacité de syntaxe, un élément clé de la structure du langage... lequel traduit notre pensée !

2. L'IDENTIFICATION ACTIVE DES PROBLÈMES

La capacité d'identification active des problèmes est l'une des deux capacités clés de l'analyse logique. Elle permet d'identifier la nature des problèmes à résoudre, et de comprendre les implications des nouvelles informations pour réussir leur résolution.

Niveau 0

Un déficit d'identification active de problème peut être associé à un manque de pensée critique ou de recherche d'informations. Il consiste à faire l'impasse sur les problèmes ou opportunités d'améliorations qui peuvent survenir dans votre travail. Il peut aussi se caractériser par un manque de compréhension de la vraie nature du problème. Dans ce cas, on s'efforce de résoudre un problème en surface mais les solutions ne donnent pas lieu à de réelles améliorations. Réussir à identifier les sources exactes d'un problème requiert de prendre le temps de le redéfinir et d'en percevoir les contours. Mais bien définir le problème revient bien souvent à le résoudre.

Niveau 1

Au niveau basique de l'identification active des problèmes, il s'agit de consulter les personnes confrontées au problème afin d'avoir des avis divers permettant de mieux cerner la nature du problème.

> ***Exemple***
>
> Si l'un de mes collègues ne fait pas correctement son travail, j'essaye de comprendre pourquoi (manque de compétences, manque de motivation...) en le questionnant plutôt que de le sermonner ou de le reporter à ma hiérarchie.

Niveau 2

Le niveau intermédiaire de l'identification active des problèmes consiste à croiser les regards sur un problème, en collectant des informations sur sa source et sur des problèmes similaires qui ont pu survenir par le passé. Cette enquête permet de comprendre les implications du problème et de collecter des pistes de solutions.

> ***Exemple***
>
> Si mon département connaît un taux de turnover élevé, je mène une enquête sur les sources de motivation ou démotivation des employés, je m'informe sur le fonctionnement des autres départements et entreprises ayant peu de turnover. Je peux aussi créer des groupes pour travailler sur différentes sources potentielles du problème.

Niveau 3

Au niveau avancé, l'identification active de problèmes requiert de systématiser la collecte d'informations à propos de potentiels dysfonctionnements ou de pratiques ou produits pouvant être améliorés. Ces informations sont par la suite organisées et permettent d'actionner des projets d'amélioration afin d'éviter la répétition de problèmes ou de développer l'innovation.

> ***Exemple***
>
> Identifier les problèmes provenant d'offres concurrentielles sur un même sujet, et imaginer une réponse innovante et pertinente pour faire face.

CONSEILS PRATIQUES

Comment développer la capacité d'identification active des problèmes ?

Pour développer la capacité d'identification active des problèmes, le plus évident est de chercher à résoudre un problème concret. Ce problème peut être technique, comme une panne de voiture ou de réfrigérateur, mais cela nécessite des connaissances spécifiques. Le problème peut également être purement intellectuel, comme organiser un voyage pour un groupe en gérant tous les aspects logistiques. Il est important de rappeler que l'apprentissage actif est une clé de l'identification active des problèmes, et qu'il est donc important d'identifier objectivement ses propres forces et failles de raisonnement.

CHAPITRE 11

L'approche systémique

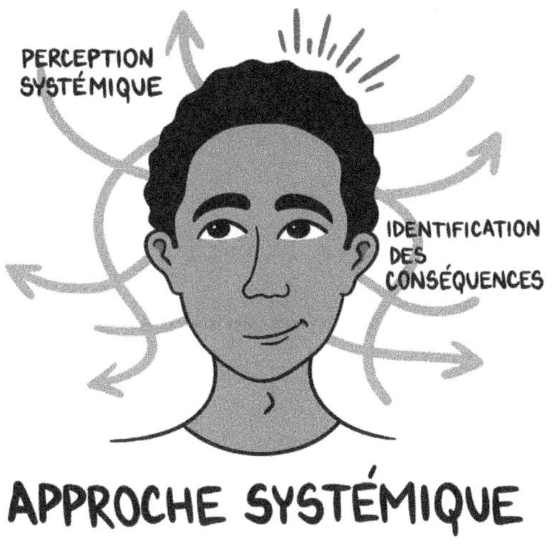

L'approche systémique est l'atout majeur des grands stratèges pour naviguer dans la complexité et comprendre les conditions d'équilibre d'un système. Elle permet notamment d'appréhender les liens entre les situations et les processus, pour avoir une vision plus globale et « systémique » du sujet abordé. Cette compétence comporte principalement deux aspects : la capacité de perception systémique (1), pour identifier les changements majeurs et la structure d'un système ; et la capacité d'identification des conséquences (2), pour anticiper les résultats à long terme des modifications apportées à un système.

Il existe plusieurs exemples rien qu'au sein du réseau routier urbain : observer comment une déviation ou un accident peut chambouler tout le trafic, ou comment les feux tricolores sont coordonnés pour fluidifier la circulation.

Contrairement aux idées reçues, l'approche systémique n'est pas du tout une compétence inaccessible. Elle implique simplement la nécessité de faire attention aux liens entre les choses, et de vouloir sincèrement prendre du recul pour comprendre le schéma plus global qui se joue. Cela a notamment pour intérêt de pouvoir s'intéresser aux causes réelles d'un problème plus qu'à ses symptômes par exemple !

Quelques exemples de métiers pour lesquels la maîtrise de l'approche systémique peut être très utile : apiculteur·rice, ingénieur·e chimiste, pilote d'avion, psychiatre, médecin.

1. L'IDENTIFICATION DES CONSÉQUENCES

La capacité d'identification des conséquences est l'une des deux capacités clés de l'approche systémique. Elle permet de déterminer quels seront à long terme les résultats de la modification d'un processus.

Niveau 0

Un déficit d'identification des conséquences se traduit par une incapacité à envisager les conséquences de ses actions ou décisions. Elle peut signifier que l'on n'arrive pas du tout à se projeter dans un futur plus ou moins proche ou que nos projections sont systématiquement erronées.

Niveau 1

Au niveau basique, l'identification des conséquences consiste à envisager les conséquences de ses actions ou décisions sur le long terme.

> ***Exemple***
>
> Se rendre compte que des études de médecine ou d'ingénieur ne sont plus envisageables (ou difficilement) en s'orientant vers un bac littéraire ou hôtelier.

Niveau 2

Au niveau intermédiaire, l'identification des conséquences permet de se projeter dans différents futurs où des solutions envisagées auraient été adoptées et d'y percevoir les avantages et inconvénients.

> ***Exemple***
>
> Évaluer les conséquences à court et long terme d'accepter une offre d'emploi plutôt qu'une autre.

Niveau 3

Au niveau avancé, l'identification des conséquences permet de prédire avec justesse les impacts humains, sociétaux, environnementaux... de modifications d'ordres établis.

> ***Exemple***
>
> Identifier et formaliser les impacts à long terme d'une décision majeure d'une entreprise ou d'un gouvernement, dans le cadre d'un rapport ou autre support formel à votre initiative.

CONSEILS PRATIQUES

Comment développer la capacité d'identification des conséquences ?

Pour développer la capacité d'identification des conséquences, le plus important est déjà d'avoir conscience que tout choix et toute action ont des conséquences, et de se questionner dessus. Ensuite, il peut être intéressant de se plonger dans l'histoire, où chaque grand événement résulte d'un contexte particulier. Un moyen plus ludique peut être de créer des structures de dominos, de faire des expériences de chimie, ou de créer sa propre machine de Rube Goldberg (ces enchaînements mécaniques improbables avec balles, ficelles, tuyaux et autres accessoires). Les jeux de stratégie peuvent également constituer un moyen ludique pour mieux apprendre à identifier les conséquences.

2. LA PERCEPTION SYSTÉMIQUE

La capacité de perception systémique est l'une des deux capacités clés de l'approche systémique. Elle permet d'identifier les indicateurs qui permettent d'évaluer et d'améliorer la performance d'un système en fonction de ses objectifs, et également de percevoir les changements majeurs passés ou potentiels d'un système.

Niveau 0

Un déficit de perception systémique empêche de prendre du recul sur le fonctionnement d'un système ou sur notre propre performance pour en déduire des possibilités d'amélioration. Cette capacité demande de prendre du recul sur des pratiques et actions passées pour comprendre comment elles peuvent être optimisées.

Niveau 1

Au niveau basique, la perception systémique consiste à identifier des critères de performance d'un système et à les appliquer pour identifier des pistes d'amélioration de la performance.

> ***Exemple***
>
> À l'issue d'un projet, identifier les étapes critiques ayant le plus d'impact et qui pourraient être améliorées.

Niveau 2

Au niveau intermédiaire, la perception systémique consiste à établir un processus d'amélioration continue qui permet, à l'issue de chaque projet, d'identifier des possibilités d'amélioration et de les mettre en action par la suite.

> ***Exemple***
>
> Suite à un projet ayant échoué, identifier tous les facteurs d'échecs, ainsi que les indicateurs de succès, et les utiliser pour réussir un prochain projet similaire.

Niveau 3

Au niveau avancé, la perception systémique permet de développer des indicateurs clés de performance de systèmes tels que des organisations. Ces indicateurs portent sur différents aspects nécessaires à la réussite du système.

> ***Exemple***
>
> Évaluer dans le détail la performance et le potentiel d'une organisation, et déterminer l'intérêt de s'investir dedans pour son propre intérêt futur.

CONSEILS PRATIQUES

Comment développer la capacité de perception systémique ?

Pour développer la capacité de perception systémique, il est nécessaire de bien comprendre la notion de systèmes complexes, et d'observer de tels systèmes. L'objectif est de s'entraîner à identifier les différents composants d'un système, ainsi que la manière dont ces composants interagissent pour que le système soit à l'équilibre. En réalité, tout est systémique : la nature, la société, le système solaire, l'univers… Un bon exercice est par exemple de s'occuper d'une plante ou d'un jardin, en cherchant spécifiquement à identifier et contrôler toutes les conditions nécessaires pour que la plante ou le jardin s'épanouissent : niveau de luminosité, humidité, arrosage, autres plantes, acidité de la terre, etc. Finalement, il s'agit avant tout de s'intéresser à la complexité ambiante pour comprendre ce qui fait que chaque chose est telle qu'elle est.

CHAPITRE 12

Le processus créatif

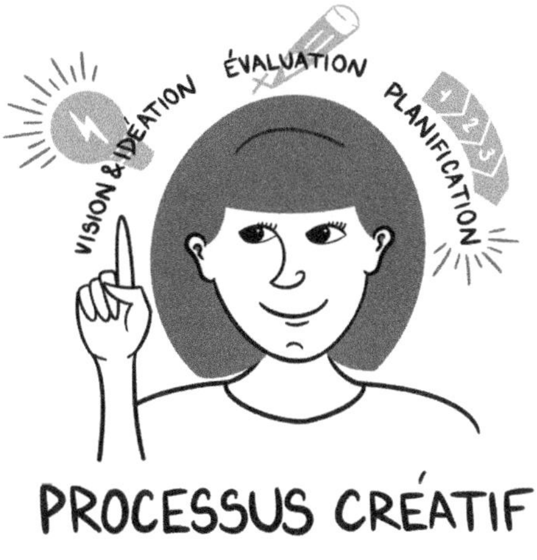

Le processus créatif est au cœur des *soft skills* indispensables au XXIe siècle. Cette compétence permet d'inventer et d'innover, autrement dit, de créer ou de faire évoluer des produits, services, systèmes ou procédés. Elle comprend généralement plusieurs aspects, comme la capacité à comprendre le problème à résoudre (1), la capacité à générer de nombreuses idées et solutions (2), ou encore la capacité à évaluer la pertinence et la faisabilité des idées et la planification (3).

Contrairement aux idées reçues, la créativité ne se limite donc pas à une originalité artistique ou une forme d'excentricité, mais concerne plutôt la capacité à résoudre des problèmes efficacement et de manière innovante et originale. La créativité implique donc la notion de pertinence, et souvent de contrainte.

Quelques exemples de métiers pour lesquels la maîtrise du processus créatif peut être très utile : ingénieur · e automobile, dirigeant · e d'entreprise, artiste, enseignant · e, communicant · e, chercheur · se, architecte, *product manager*, artisan · e, responsable événementiel.

1. VISION ET IDÉATION

La capacité de vision et d'idéation est l'une des trois capacités clés du processus créatif. Elle permet l'identification des éléments qui doivent être modifiés pour atteindre un objectif, mais également la génération de nouvelles idées ou méthodes, afin de faire évoluer des produits, des services ou des organisations, selon une vision propre du succès.

Niveau 0

Un déficit en vision et idéation se caractérise par le fait de ne pas réussir à identifier les opportunités d'amélioration et de ne pas proposer de solutions nouvelles et adaptées. Il peut être facile d'identifier des problèmes dans son travail ; cependant, les définir correctement pour pouvoir y apporter des solutions demande un certain niveau de compétence. Cela s'apprend et peut être facilité dans un contexte qui soutient la remise en question. En cas de déficit de vision et d'idéation, il est difficile de proposer des améliorations dans son travail et impossible d'innover. La première étape de la créativité consiste en effet à identifier les problèmes ou les opportunités d'amélioration pour y répondre de façon originale et utile en prenant en compte le contexte.

Niveau 1

Au niveau basique de la vision et de l'idéation, il s'agit surtout de savoir identifier les aspects de son travail ou d'un projet qui ne fonctionnent pas ou qui pourraient être améliorés, et s'accorder du temps pour penser à différentes solutions.

> ***Exemple***
>
> Proposer plusieurs stratégies originales pour atteindre un objectif, en tenant compte de la faisabilité et de la difficulté de chacune.

Niveau 2

Au niveau intermédiaire de la vision et de l'idéation, il s'agit d'identifier les causes de dysfonctionnement au sein d'une organisation pour apporter des solutions réplicables dans plusieurs projets ou équipes. Ces solutions peuvent aussi prendre la forme d'outils ou d'objets.

> ***Exemple***
>
> Identifier que l'entreprise pourrait gagner en efficacité si les différents départements avaient un outil commun de suivi de projet et définir les principaux critères de cet outil.

Niveau 3

Au niveau avancé de vision et d'idéation, il est possible d'identifier des opportunités d'amélioration importante dans son cœur de métier, et de proposer une ou plusieurs solutions encore inexistantes sur le marché et qui créent ou répondent à un besoin partagé par de nombreux groupes ou personnes.

Exemple

Identifier une problématique sociétale (insertion professionnelle, écologie, santé…) et concevoir un outil qui soit pertinent et utile pour la population ciblée.

CONSEILS PRATIQUES

Comment développer la capacité de vision et d'idéation ?

Pour développer la capacité de vision et d'idéation, il est indispensable de comprendre l'objectif à atteindre, et de distinguer ce qui est nécessaire de ce qui ne l'est pas dans le sujet traité. Par exemple, une chaise sert à s'asseoir, mais rien ne dit qu'elle doit forcément avoir quatre pieds. La capacité de vision et d'idéation pourrait viser ici à trouver d'autres manières de faire tenir une chaise en stabilité. En effet, il ne s'agit pas juste d'avoir de grandes idées, mais de trouver des solutions originales et pertinentes pour améliorer les propriétés de l'objet, service ou processus en question. Un bon exercice est de s'intéresser à n'importe quel objet (téléphone, voiture…) ou service/processus (restauration, construction…), en cherchant à comprendre l'objectif et trouver de nouvelles manières de l'atteindre. Casse-tête garanti, mais surprenant et amusant !

2. L'ÉVALUATION

La capacité d'évaluation est l'une des trois capacités clés du processus créatif. Elle permet de prendre en compte les coûts et les avantages d'une solution potentielle, et de se représenter les chances de succès.

Niveau 0

Un déficit en évaluation se caractérise par une incapacité à identifier des critères pour juger de la pertinence d'idées nouvelles, ou une incapacité à appliquer ces critères. Nous pouvons être très bons pour proposer des idées nouvelles mais avoir des difficultés à identifier celles qui ont le plus de chance de résoudre concrètement les problèmes dans un contexte donné. Cette capacité peut facilement être développée, et demande principalement de s'accorder du temps pour identifier les critères pertinents et passer en revue les différentes solutions en fonction de ces critères, plutôt que de foncer tête baissée vers notre première intuition.

Niveau 1

Au niveau basique de l'évaluation, il s'agit surtout de savoir retarder le moment de la sélection de l'idée finale et de s'interroger sur les avantages et inconvénients de chacune des solutions envisagées.

> ***Exemple***
>
> Créer un tableau répertoriant les différentes idées, leurs avantages et inconvénients avant de sélectionner la plus pertinente.

Niveau 2

Au niveau intermédiaire de l'évaluation, les critères deviennent plus précis et variés. Ils peuvent prendre en compte le caractère novateur, des aspects financiers ou psychologiques (les personnes vont-elles adhérer à cette idée ou faire preuve de résistance ?).

> ***Exemple***
>
> Créer une grille d'évaluation des idées prenant en compte de nombreux critères de pertinence, de difficultés de réalisation ou de valeur ajoutée.

Niveau 3

Au niveau avancé de la capacité d'évaluation, il est possible de développer des matrices de prise de décision pour évaluer la pertinence d'idées diverses. Ces matrices peuvent être utilisées par différents acteurs pour faciliter les prises de décision collectives sur des projets à fort impact.

> ***Exemple***
>
> Créer un jury et le former pour évaluer les potentielles innovations proposées par des start-up ou groupes de projets.

CONSEILS PRATIQUES

Comment développer la capacité d'évaluation ?

Pour développer la capacité d'évaluation, il est nécessaire de s'intéresser aux avantages et inconvénients des solutions envisagées dans le cadre d'un processus créatif. Ce comparatif peut concerner les coûts, les délais de mise en œuvre, la complexité de réalisation, la capacité à répondre à l'objectif, etc. Par exemple, pour évaluer les nouvelles manières de faire tenir une chaise en stabilité, il s'agit de comparer les avantages et inconvénients entre le système à trois pieds, le socle rond, le cylindre, etc. De manière générale, un tableau fait très bien l'affaire. Un bon exercice consiste à réaliser un tel tableau pour n'importe quel sujet pour lequel plusieurs solutions originales se présentent ! Sachant qu'il existe rarement une solution parfaite, le plus dur sera de choisir ses priorités : le coût, la qualité ou le délai ?

3. LA PLANIFICATION

La capacité de planification est l'une des trois capacités clés du processus créatif. Elle permet de développer les approches possibles pour mettre en œuvre une solution et d'évaluer la réussite de cette mise en œuvre ou d'identifier les raisons de son échec.

Niveau 0

Un déficit de planification se caractérise par une incapacité à mettre en œuvre une solution. Cela peut provenir du fait que certains obstacles n'ont pas été identifiés à temps. Il se peut aussi que l'on soit capable de mettre en œuvre une solution mais que celle-ci n'ait pas la valeur ajoutée attendue. Dans ce cas, le déficit de planification se traduit par une incapacité à savoir identifier les causes de cet échec pour rebondir.

Niveau 1

Au niveau basique de la planification, il s'agit surtout de savoir décrire factuellement une idée, et définir les étapes et les délais pour s'assurer que le projet voie le jour.

> ***Exemple***
>
> Définir les étapes principales pour mettre en œuvre une idée, en précisant le temps requis approximativement pour chacune des étapes.

Niveau 2

Au niveau intermédiaire, la planification permet de répertorier l'ensemble des étapes et tâches nécessaires à la réalisation d'un projet, et d'identifier les obstacles potentiels afin de les anticiper.

> ***Exemple***
>
> Mettre en place un rétroplanning détaillé qui prend en compte les incertitudes et difficultés pour chaque étape du projet.

Niveau 3

Au niveau avancé, la planification consiste à dérouler sur des temps longs les différentes étapes de mise en œuvre d'une idée, d'intégrer les parties prenantes, de déléguer aux personnes compétentes et de vérifier et ajuster les étapes du développement en fonction du collectif. Suite à la mise en œuvre, l'impact du projet est également évalué et le projet peut être réajusté en fonction des besoins.

> ***Exemple***
>
> Être responsable de l'exécution du projet, superviser le travail des différents acteurs et l'efficacité du groupe. Développer des indices pour évaluer les conséquences de la solution mise en œuvre.

CONSEILS PRATIQUES

Comment développer la capacité de planification ?

Pour développer la capacité de planification, il est utile pour commencer de s'intéresser à des objets, services ou processus déjà existants, et chercher à comprendre comment ils ont été rendus possibles. Par exemple, pour construire des toilettes sèches chez soi, il y a de nombreuses étapes à mettre en œuvre, dont certaines sont complexes. Une fois l'habitude prise de décortiquer les différentes étapes d'une solution et leurs grandes caractéristiques (coûts, compétences, délais, etc.), il est possible d'envisager les étapes qui donneront vie à des solutions inédites. C'est le propre de l'ingénieur. Cela implique un grand sens du réalisme et de l'analyse, et également une bonne dose d'ingéniosité pour trouver les meilleurs moyens de faire, et améliorer autant de fois que nécessaire. Très peu d'innovations naissent parfaites : elles sont souvent le fruit de nombreuses itérations !

CHAPITRE 13

Le développement de soi

Le développement de soi est très lié au phénomène d'introspection. Cette compétence permet de bien se connaître et de s'évaluer, pour savoir ensuite s'adapter. Elle se compose de deux aspects principaux : la capacité d'auto-ajustement (1), pour évaluer ses propres performances par rapport aux autres, et la capacité d'auto-organisation (2), pour identifier les leviers et mécanismes qui permettent de progresser et de se renforcer.

Contrairement aux idées reçues, le développement de soi n'est pas réservé aux moines tibétains ou aux amateurs de méditation. Bien au contraire, le fait de pouvoir faire son introspection et de s'améliorer en continu permet d'avoir une vie plus épanouie et en phase avec ses besoins profonds. Et il se trouve justement que les bienfaits de la méditation en la matière sont de plus en plus avérés !

Quelques exemples de métiers pour lesquels la maîtrise du développement de soi peut être très utile : acteur·rice, infirmier·e, juge.

1. L'AUTO-AJUSTEMENT

La capacité d'auto-ajustement est l'une des deux capacités clés du développement de soi. Elle permet d'évaluer ses propres performances au regard de celles des autres, notamment afin d'apporter des ajustements et améliorations.

Niveau 0

Un déficit en auto-ajustement se caractérise par une incapacité à remettre en question ou évaluer objectivement ses actions et comportements passés. Cela se produit lorsque vous refusez votre part de responsabilité en cas d'échec, ou pire encore, que par manque d'objectivité, vous seriez prêt à tout refaire à l'identique si la situation se produisait à nouveau. Ce n'est pas parce que vous pouvez parfois manquer d'objectivité sur vous-même que vous avez nécessairement un déficit, mais si vous refusez toujours de vous remettre en question, alors il serait temps de prêter attention à cette capacité d'auto-ajustement. Sans quoi vous aurez toujours l'impression que vous êtes irréprochable et que c'est le monde qui est injuste envers vous !

Niveau 1

Au niveau basique de la capacité d'auto-ajustement, il s'agit surtout de savoir évaluer objectivement *a posteriori* la pertinence de vos actions, et admettre ce que vous auriez pu faire différemment pour un meilleur résultat.

Exemple

Faire la liste de ses propres erreurs commises lors d'un projet de groupe, et proposer des axes d'amélioration pour soi.

Niveau 2

Au niveau intermédiaire de la capacité d'auto-ajustement, en plus de savoir évaluer objectivement ses propres performances, il s'agit d'évaluer celles de collaborateurs, et d'identifier des améliorations pertinentes pour soi et les autres de manière structurée.

Exemple

Proposer des améliorations pour les autres personnes qui partagent votre groupe de travail, mais surtout pour vous-même, afin d'améliorer l'efficacité du groupe.

Niveau 3

Au niveau avancé de la capacité d'auto-ajustement, en plus de savoir évaluer et améliorer soi-même et les autres, il s'agit d'arriver à le faire à l'échelle d'une organisation, en évaluant les forces et faiblesses relatives des différentes équipes, pour ajuster ses propres actions pour l'avenir.

Exemple

Réaliser un diagnostic de performance d'une organisation dont vous faites partie et composée de plusieurs équipes, et proposer une liste ou un plan d'action détaillé d'améliorations spécifiques.

CONSEILS PRATIQUES

Comment développer la capacité d'auto-ajustement ?

Pour développer la capacité d'auto-ajustement, le plus efficace est sans aucun doute de demander à des collègues leurs conseils d'amélioration vous concernant... et de les prendre en compte. Il y a bien évidemment un juste milieu à trouver entre ne rien accepter et tout changer chez soi, mais cela commence par chercher à comprendre ce qui pose problème avec son propre comportement, pour mieux collaborer avec les autres. Une autre bonne pratique consiste à observer ce que d'autres personnes font très bien, pour se l'appliquer à soi. Il est probable que plusieurs personnes s'améliorent en vous observant, d'après vos forces et qualités. Avec l'habitude, cette démarche d'amélioration continue deviendra naturelle et pourra même devenir gratifiante. Pour rester dans un état d'esprit positif, il est important de retenir que travailler sur vous-même crée vos forces et atouts de demain !

2. L'AUTO-ORGANISATION

La capacité d'auto-organisation est l'une des deux capacités clés du développement de soi. Elle permet de porter un regard objectif sur ses propres progrès, et de trouver des moyens de structurer et d'organiser des pistes pour se renforcer et progresser.

Niveau 0

Un déficit en auto-organisation se caractérise par une incapacité à identifier de manière structurée ses progrès, ses points forts et ses points faibles. Cela se produit lorsque vous n'arrivez quasiment jamais à distinguer parmi vos actions et comportements ce qui est cause de réussite ou d'échec. À la différence de l'auto-ajustement, ce déficit n'a rien à voir avec un manque d'envie ou d'objectivité, et relève plutôt d'une difficulté à vous évaluer de manière structurée et organisée. Ce n'est pas parce que vous ne voyez pas toujours la différence entre ce qui fait votre force ou non que vous avez nécessairement un déficit. Mais si c'est souvent le cas, alors il est important pour vous de développer la capacité d'auto-organisation, sans quoi vous risquez de vous épuiser à modifier vos actions et comportements sans aucune logique réelle.

Niveau 1

Au niveau basique de la capacité d'auto-organisation, il s'agit surtout de savoir distinguer clairement ses forces et ses faiblesses, en étant capable d'argumenter sur ce classement.

> ***Exemple***
>
> Faire une liste de ses forces et faiblesses, en sachant donner un exemple précis pour chaque élément.

Niveau 2

Au niveau intermédiaire de la capacité d'auto-organisation, en plus de savoir distinguer ses forces de ses faiblesses, il s'agit de maîtriser ce qui les nuance, autrement dit savoir dans quelle situation une force peut se transformer en faiblesse ou inversement. C'est par exemple le cas de certaines qualités qui peuvent parfois devenir des défauts, comme la persévérance ou le fonctionnement intuitif.

Exemple

Avoir la présence d'esprit de ne pas utiliser l'une de ses principales forces dans une situation où cela pourrait se retourner contre soi.

Niveau 3

Au niveau avancé de la capacité d'auto-organisation, en plus de savoir identifier ses forces et ses faiblesses en tenant compte du contexte, il s'agit de disposer de ses propres méthodes et critères pour anticiper l'utilisation ou non de l'une de ses caractéristiques, et que cela fonctionne dans la grande majorité des situations rencontrées.

Exemple

Identifier et utiliser dans le cadre d'une activité régulière une de ses forces pour se distinguer professionnellement ou socialement (ex : expert en tendances, expert en communication, etc.).

CONSEILS PRATIQUES

Comment développer la capacité d'auto-organisation ?

Pour développer la capacité d'auto-organisation, il est nécessaire tout d'abord d'identifier un sujet ou aspect de soi à améliorer. Cela peut être par exemple une capacité du modèle Hester (expression orale, vision et idéation). Cela implique de ne pas se disperser, en se concentrant sur un sujet à la fois, mais également d'évaluer régulièrement ses progrès. Par exemple, pour améliorer son raisonnement logique, il est utile de dédier un moment défini à une fréquence régulière, pour travailler spécifiquement sur le sujet. Finalement, se développer personnellement, c'est un peu comme apprendre le piano ou l'anglais, avec un peu plus d'objectivité nécessaire. Il s'agit donc d'appliquer les bonnes pratiques de l'apprentissage : focus, régularité, observation, évaluation, amusement !

Les vingt-deux capacités du modèle Hester trouvent une équivalence au sein de deux grands référentiels de compétences que sont O*NET et eLene4work.

Tableau de compatibilité pour les *soft skills* décrites dans le modèle Hester avec les modèles O*NET et eLene4work

CAPACITÉ HESTER	COMPATIBILITÉ O*NET	COMPATIBILITÉ ELEN 4 WORK
Écoute Active	Écoute active	–
Expression orale	Expression orale	Communication
Autogestion	Gestion du temps	Adaptabilité
Contribution collective	–	Travail en équipe
Communication écrite	Expression écrite Compréhension écrite	–
Perception sociale	Perception sociale	–
Persuasion et inspiration	Persuasion	Leadership
Négociation	Négociation	–
Projection humaine	Gestion RH *Orientation service*	–
Stratégies d'apprentissage	Stratégies d'apprentissage	–
Enseignement et médiation	Enseignement	Gestion des conflits
Formulation des opportunités	Synthèse & Réorganisation Génération d'idées	–
Prédiction analytique	–	Compétences analytiques Apprendre à apprendre
Raisonnement logique	Collecte d'informations Pensée critique	–

CAPACITÉ HESTER	COMPATIBILITÉ O*NET	COMPATIBILITÉ ELEN 4 WORK
Identification active des problèmes	Identification des problèmes Apprentissage actif	–
Identification des conséquences	Identification des conséquences	–
Perception systémique	Évaluation systémique Perception systémique	–
Vision et idéation	Identification des causes Capacité d'idéation	Vision
Évaluation	Évaluation des idées Jugement	–
Planification	Évaluation des solutions Planification	–
Auto-ajustement	Évaluation Coordination	–
Auto-organisation	Organisation de l'information	Autoévaluation

FOCUS

Les capacités qui peuvent sembler similaires

Dans le modèle Hester H10, certaines capacités provenant de différentes *soft skills* proposent parfois des intitulés ou des définitions qui peuvent sembler relativement proches au premier abord, au risque même de créer la confusion. Avec la docteure en psychologie Justine Massu, nous avons identifié et choisi de détailler au moins cinq paires de capacités pour lesquelles il semble important de lever toute ambiguïté :

- Identification active des problèmes (Analyse logique) *vs* cadrage des problèmes (Anticipation) ;
- Prédiction analytique des problèmes (Anticipation) *vs* Identification des conséquences ET Perception systémique (Approche systémique) ;
- Prédiction analytique (Anticipation) *vs* Auto-ajustement (Développement de soi) ;
- Vision et idéation (Processus créatif) *vs* Identification active des problèmes (Pensée logique) ;
- Autogestion (Collaboration) *vs* Auto-organisation (Développement de soi).

Dans ce complément en ligne, nous réalisons une analyse comparative des définitions et des différents concepts afin d'éviter les risques de confusion et de mauvaises interprétations : www.dunod.com/ean/9782100830923 (Les + en ligne).

http://dunod.link/no4dtjm

PARTIE 3

LA PÉDAGOGIE AU SERVICE DES *SOFT SKILLS*

Le marché du développement des *soft skills* est encore émergent. En effet, peu de dispositifs d'accompagnement ont un impact satisfaisant. La plupart des approches restent encore trop descendantes, et fondées sur une conception traditionnelle de la formation, sans contextualisation des apprentissages et des techniques en fonction des besoins et styles de chaque apprenant. Ces mêmes formations manquent cruellement d'une approche réflexive, laquelle s'avère fondamentale dans la construction de soi. En effet, les *soft skills* sont les compétences qui nous permettent de réfléchir et d'interagir de manière adaptée selon le contexte. C'est la perception de soi et du monde environnant qui permet de comprendre et d'interpréter un contexte. Il nous a paru important de faire le point sur les pédagogiques traditionnelles (chapitre 14) et les pédagogies innovantes ou alternatives (chapitre 15) avant de proposer des pistes pour développer les *soft skills* (chapitre 16) notamment à travers la mobilisation des communautés et environnements apprenants vie (chapitre 17).

Développer les *soft skills* revient à développer les facultés de perception, ainsi que les processus réflexifs et comportementaux liés. De tels processus semblent bien lointains de la simple acquisition de connaissances typique des enseignements fondamentaux.

Pour identifier des techniques et méthodes qui favorisent le développement des *soft skills* par un travail sur la perception et la réflexivité, il est nécessaire de s'intéresser à la discipline qui conçoit l'ingénierie de l'apprentissage : la pédagogie. Dans le monde de l'éducation d'hier et d'aujourd'hui, il est possible de trouver différentes initiatives pertinentes et inspirantes pour construire une ingénierie pédagogique du développement des *soft skills*.

La pédagogie pourrait se résumer à l'art d'enseigner. À la fin du XIXe siècle, Ferdinand Buisson, alors inspecteur général de l'instruction publique en France, définit la discipline dans son *Dictionnaire de pédagogie*, comme la « science de l'éducation, tant physique qu'intellectuelle et morale » (Buisson, 1887). Cette notion de science évoque les méthodes et pratiques d'enseignement visant à transmettre des connaissances, des compétences et des attitudes. On parle généralement de savoirs, savoir-faire et savoir-être. L'art de « faire preuve de pédagogie » réside en revanche dans la capacité à adapter ces méthodes et pratiques aux différents apprenants ainsi qu'aux différents contextes.

C'est pourquoi la sémiotique de la pédagogie, au-delà des méthodes et pratiques, prend en compte les comportements et postures de l'enseignant envers son audience. Ces vingt dernières années, la pédagogie de l'enseignement primaire et secondaire a été beaucoup remise en question dans les pays de l'OCDE, notamment en raison du besoin d'adapter les méthodes aux enjeux du nouveau siècle. Au cours de l'histoire, de nombreuses pédagogies se sont succédé. Face à la standardisation progressive du XXe siècle, on en parle comme des pédagogies oubliées, ou des pédagogies « alternatives » lorsqu'elles ont encore cours mais ne constituent pas la méthode de l'État. Il n'est bien évidemment pas question de reprendre le modèle de l'Antiquité, où les pédagogues étaient des esclaves chargés d'accompagner les enfants de citoyens à l'école et d'encadrer la réalisation des devoirs. Toutefois, un petit tour d'horizon de ces pratiques, notamment à travers l'histoire, pourrait permettre d'identifier les bonnes pratiques, celles où la pédagogie se concentre sur les notions telles que le savoir-être, le savoir-faire-faire, ou le savoir-apprendre par exemple.

En effet, avant de chercher à réinventer la pédagogie au service des *soft skills*, il semble intéressant de dresser un état des lieux du cadre des pédagogies qui dominent l'enseignement actuellement, et que l'on appelle les pédagogies traditionnelles. Il est également intéressant d'étudier les pédagogies oubliées et alternatives, pour en tirer les bonnes pratiques issues de décennies ou siècles d'améliorations continues. Rappelons que les *soft skills* sont les compétences qui permettent de réfléchir et d'interagir pour s'adapter à de nouveaux contextes. Un tel besoin n'est en rien propre au XXIe siècle, et il est plus que probable que de nombreuses pédagogies se soient intéressées à cet aspect.

Surtout, la manière dont nous réfléchissons et interagissons est directement liée au rapport intime que nous entretenons avec le monde et avec nous-même, ce même rapport que l'on pourrait qualifier d'identité. Développer les *soft skills* revient à développer l'identité, pour faire évoluer le rapport que chacun entretient avec l'extérieur et l'intérieur de soi, afin de créer des réflexes cognitifs et sociaux favorables à l'adaptation et l'apprentissage en continu. En d'autres termes, la pédagogie des *soft skills* se doit d'être une maïeutique de l'identité profonde au service de l'adaptation individuelle et collective.

CHAPITRE 14

Cadre des pédagogies traditionnelles en France

Les pédagogies traditionnelles représentent les méthodes, pratiques et objectifs fixés par les États pour leurs systèmes d'enseignement. Dans ce chapitre, nous allons présenter le cadre actuel de l'enseignement en France (1) et la façon dont il s'est construit dans le temps (2) tout en rappelant que l'intégration d'enseignements alternatifs (3) se fait progressivement (4), depuis de nombreuses années. Comme vous le savez sans doute, le système éducatif actuel n'est pas réputé pour sa capacité à favoriser les *soft skills*. Or, au vu des évolutions économiques et sociétales, il devient essentiel de les développer le plus tôt possible, dès l'enfance, pour maximiser les chances d'adaptabilité du plus grand nombre. Il est irréaliste de penser pouvoir simplement remplacer le système actuel par un système mieux adapté. Au lieu de cela, il s'agit plutôt de faire évoluer le modèle existant par itérations successives, en tenant compte des contraintes réelles.

1. CADRE STRUCTUREL ACTUEL DE L'ENSEIGNEMENT

En France, la pédagogie décidée par l'État est enseignée dans les écoles publiques et les écoles privées sous contrat, comme le prévoit la loi Debré du 31 décembre 1959 sur les rapports entre l'État et l'enseignement privé. Le cadre général de l'école en France s'établit selon des cycles d'enseignement qui commencent dès l'âge de trois ans pour se poursuivre jusqu'à l'enseignement supérieur, sanctionné au maximum par le diplôme de doctorat après huit années d'études post-baccalauréat. La scolarité est pensée comme un parcours d'acquisition de connaissances avec une difficulté croissante.

Dans les objectifs pédagogiques de manière générale, il est très peu voire pas question du bien-être, de l'épanouissement ou de la réalisation individuelle des élèves. Dans un système pensé pour la massification de l'éducation, les subtilités et les approches ultra-individuelles semblent compliquées à faire figurer dans un programme cadencé et uniformisé. Cette donnée constitue un premier signal : le développement des *soft skills* n'est pas prioritaire dans le paradigme éducatif actuel.

Afin de dépasser ce constat, et pour mieux comprendre comment faire évoluer un système pensé pour des millions d'apprenants, il est nécessaire d'analyser la structure actuelle du système éducatif français. À chaque âge correspond un cycle géré par des établissements spécifiques :

- **Écoles maternelles et élémentaires**, à partir de trois ans. Au 30 novembre 2021, il existe en France 14 283 écoles maternelles, dont 135 sont privées, et 30 085 écoles élémentaires, dont 5 189 sont privées. On dénombre environ 6,7 millions d'élèves en France dans le primaire. Ce cycle est composé de trois années d'éveil, appelées petite section, moyenne section et grande section, ainsi que de cinq années d'enseignement, appelées CP, CE1, CE2, CM1 et CM2. L'État consacre environ 7 000 euros par élève chaque année dans l'enseignement primaire.

- **Collèges**, à partir de onze ans. Au 30 novembre 2021, il existe en France 7 078 collèges, dont 1 796 sont privés. On dénombre environ 3,4 millions de collégiens. Ce cycle est composé de quatre classes, appelées 6e, 5e, 4e, 3e (d'après site du ministère), et est sanctionné par l'examen du diplôme national du brevet. L'État consacre environ 8 790 euros par élève chaque année dans l'enseignement secondaire du collège.
- **Lycées**, à partir de quinze ans. Au 30 novembre 2021, il existe en France 4 150 lycées, dont 1 593 lycées publics généraux, 734 lycées privés généraux, 976 lycées publics professionnels, 236 lycées publics agricoles, 611 lycées privés agricoles. On compte environ 2,2 millions de lycéens en France. Ce cycle est composé dans l'enseignement général de trois classes appelées seconde, première et terminale, et est sanctionné *in fine* par l'examen du baccalauréat général, portant sur une spécialité littéraire, économique ou scientifique. Dans l'enseignement professionnel, le certificat d'aptitude professionnelle (CAP) comporte deux années, contre trois pour le baccalauréat professionnel, avec une possibilité de s'arrêter avec le brevet d'études professionnelles (BEP) en fin de deuxième année. Pour les lycées, l'État consacre environ 11 300 euros par élève chaque année dans l'enseignement général et 12 780 euros par élève dans l'enseignement professionnel.
- **Établissements d'enseignement supérieur**, à partir de dix-huit ans. Au 30 novembre 2021, il existe en France 5 037 établissements d'enseignement supérieur, dont 68 universités, 112 instituts universitaires de technologie (IUT), 453 classes préparatoires (CPGE), 271 écoles d'ingénieurs, 333 écoles de commerce, et d'autres établissements spécialisés. Le cycle principal universitaire est composé de trois cycles que sont la licence en trois ans, le master en deux ans, puis le doctorat en trois ans. Chacun de ces cycles doit être complété et réussi pour obtenir le diplôme correspondant. Bien que de nombreuses spécificités existent suivant le cursus, le système tend à s'harmoniser autour de ces cycles. On dénombre environ 2,7 millions d'étudiants en France. Suivant le cursus universitaire, l'État consacre de 10 000 à 16 000 euros par étudiant chaque année dans l'enseignement supérieur.

Note de l'auteur – Les différentes données indiquées peuvent varier sensiblement selon les sources utilisées. Ces variations s'expliquent généralement par l'année de recensement, ainsi que par le type d'écoles considéré.

Au total, le système éducatif français compte à tout instant près de quinze millions d'apprenants en formation initiale, allant de la petite section au doctorat, ce qui représente près du quart de la population française. Selon l'INSEE, en 2019, le budget alloué à l'enseignement en France représentait plus de 160 milliards d'euros, soit 6,6 % du Produit Intérieur Brut (PIB) du pays. Sur ces 160 milliards, 57 % sont supportés directement par l'État, 26 % par les collectivités et les administrations publiques, 9 % par les entreprises, et 9 % directement par les ménages.

D'après les données publiques dont dispose l'OCDE pour l'année 2015, le coût annuel moyen d'un élève français place la France à la 15e position des pays ayant le budget le plus élevé par élève, après des pays comme les États-Unis, le Royaume-Uni ou la Finlande. Il est intéressant de constater que les principales différences portent sur le budget par élève à l'école primaire et dans le supérieur. En effet, si la France semble avoir l'un des budgets par élève le plus élevé dans le secondaire, elle montre par exemple un coût deux fois inférieur par étudiant dans le supérieur par rapport aux États-Unis. Il est à noter que le budget de la France en matière d'éducation a augmenté de plus de 20 milliards d'euros entre 2015 et 2021. De plus, il conviendra d'analyser ce classement lorsque de nouvelles données seront consolidées par l'OCDE.

La structure du système éducatif français est plutôt classique dans les pays développés, avec une séparation entre le primaire, le secondaire et le supérieur.

2. HISTOIRE DE L'ENSEIGNEMENT

Lorsque l'on parle de rénover le système éducatif français, deux faits sont à mettre en exergue. Tout d'abord, il s'agit d'un système qui prend ses racines dans l'Antiquité (Coulon, 1994), nourri par l'histoire de la

France et de l'Occident ; ensuite, un système scolaire semble servir systématiquement une idéologie, à tort ou à raison. Le goût de l'enseignement est profondément ancré dans les valeurs tant antiques que modernes. Les techniques pédagogiques de Platon ou d'Aristote ont par exemple traversé les millénaires. Une célèbre citation, attribuée à Plutarque ou Montaigne selon les sources, décrit l'éducation comme l'art d'éveiller la curiosité et la passion : « L'étudiant n'est pas un vase qu'on remplit, mais un feu qu'on allume. »

La structure du système éducatif des pays de l'OCDE nous vient *a minima* de l'Empire romain. En effet, déjà à l'époque, l'enseignement était découpé en trois périodes, gérées par le magister pour les écoles primaires, le grammairien pour les écoles secondaires, et le rhéteur pour les écoles supérieures.

En France, après la chute de l'Empire romain, ce système est perpétué par l'Église pendant plusieurs siècles, notamment dans le but de former le clergé et les élites aristocratiques. Comme le souligne l'historien Jacques Verger, c'est au XIIe siècle qu'une première révolution modifie le paysage de l'éducation, avec l'apparition des premières universités modernes (Verger, 1999). Ces universités repensent l'organisation romaine de l'enseignement supérieur, en proposant quatre facultés : les arts, la théologie, la médecine et le droit. Il faut attendre le XVIe siècle pour que l'enseignement supérieur commence à se faire en français.

Surtout, il faut attendre la toute fin du XVIIe siècle pour que l'école primaire soit accessible aux enfants (principalement aux garçons) : sous l'impulsion de Louis XIV (ordonnance du 13 décembre 1698), ce sont alors les paroisses qui sont chargées de dispenser une éducation de base. Dans la même période, les collèges fleurissent dans les villes, principalement portés par les religieux. Il est possible aujourd'hui encore d'observer l'empreinte des Jésuites au travers de certains établissements scolaires prestigieux du secondaire, comme le lycée Louis-Le-Grand (anciennement collège de Clermont), les lycées Saint-Louis-de-Gonzague, Sainte-Geneviève ou Pierre-de-Fermat (anciennement collège de Toulouse). L'éducation jésuite est exigeante et gratuite, avec un enseignement généralement en latin jusqu'au XVIIIe siècle.

La suppression de la Compagnie de Jésus par le pape Clément XIV en 1773 amorce le retrait du pouvoir religieux de l'éducation, avec pour effet en France d'étendre le français aux disciplines plus techniques dans les écoles. Cette transformation va de pair avec celle d'une société dont les besoins politiques, industriels et économiques sont de plus en plus complexes et spécialisés. La création et le développement des grandes écoles permettent à la France de pourvoir à ses besoins en ingénieurs, administrateurs et spécialistes de haut niveau en tous genres.

Avec la Révolution, l'école devient le symbole idéologique de la démocratie. Les révolutionnaires posent les bases d'une école laïque et gratuite, dont les enjeux sont d'éclairer les citoyens et légitimer la survie de la démocratie, alors émergente. Il est intéressant de constater qu'il n'y a alors pas d'enjeu de préparation à la vie professionnelle ou à l'autonomie financière future. Bel et bien, l'école est alors pensée comme un outil politique pour préserver la démocratie.

Napoléon Ier réforme l'école primaire en rapprochant à nouveau l'Église, dont il reconnaît la qualité d'enseignement. Tout au long du XIXe siècle, que ce soit avec la création de l'Université impériale, la loi Guizot sur les écoles rurales, la loi Falloux sur la séparation des genres à l'école et de nombreuses autres réformes, l'État n'aura de cesse que de modifier ses politiques d'éducation dans l'enseignement primaire, considéré comme défaillant dans le système français.

L'instauration, en 1880, d'une école gratuite, laïque et obligatoire par le gouvernement de Jules Ferry constitue le principal tournant du système éducatif français, le faisant basculer dans l'ère industrielle (Darcos, 2005). Avec le développement de l'économie et de la démographie, le système des grandes écoles ne peut plus alimenter à lui seul les postes d'élite à pourvoir. L'école devient alors un ascenseur social pour les enfants d'ouvriers et d'agriculteurs.

Ve siècle
XIIe siècle
XVIIe siècle
XVIIIe siècle
XIXe siècle
1880
1970

Les oppositions entre enseignants laïques et enseignants religieux conduisent à des tensions qui seront à l'origine des écoles privées, souvent portées par des religieux, et rendues possibles par le principe de liberté d'enseignement. Ces tensions vont de pair avec certains mouvements séparatistes, à une époque où la France a besoin d'union et de cohésion. L'école est alors utilisée pour véhiculer les valeurs républicaines, autant que pour préparer une force de travail permettant la croissance économique par l'industrialisation. Ce besoin de cohésion et de compétitivité, couplé aux enjeux de massification de l'éducation, entraîne une standardisation très forte des méthodes et pratiques pédagogiques, vers un enseignement directif, contrôlé et contrôlant.

Tout au long du XIXe siècle, les particularités d'une pédagogie fondée sur la logique, le sens et la réflexion se perdent donc progressivement, au profit d'une école industrialisée et prête pour l'ère industrielle (Gavoille, 2010). Un tel système perdure jusqu'à la fin des années 1960, où de violentes révoltes mènent à une refondation de l'école et de l'enseignement, principalement sur les sujets de mixité de genre et d'éducation à la citoyenneté. Le caractère directif de l'enseignement est largement discuté, sans pour autant que des changements majeurs ne surviennent au cours des décennies suivantes.

Dans les années 1970, pour répondre aux demandes citoyennes sur une réforme en profondeur de l'éducation, l'Institut national de recherche et de documentation pédagogique (INRDP), devenu l'Institut français de l'éducation ou (IFÉ), propose le concept de pédagogie différenciée, grâce aux travaux de Louis Legrand (Perrenoud, 1997). La pédagogie différenciée part du constat que chaque élève est différent, et propose une adaptation des modes d'apprentissage selon les élèves. Dans un tel modèle, l'enseignant met l'élève ou l'activité pédagogique au centre de la classe ; le développement personnel devient alors un objectif à part entière. C'est la connaissance avancée des élèves, des méthodes et du programme qui permet à l'enseignant d'adapter son enseignement au mieux. Sur le site de l'Éducation nationale, on peut lire que les enseignants sont formés pour pratiquer la pédagogie différenciée, et que cette pratique est activement utilisée dans l'ensemble des établissements scolaires. On peut néanmoins observer que la mise en œuvre n'est pas toujours au rendez-vous dans les salles de classe, les enseignants étant libres d'avoir recours aux modalités pédagogiques de leur choix.

Depuis plus de cinquante ans, le système éducatif est toujours sous tension, considéré par beaucoup comme inadapté aux enjeux modernes, et ce malgré les nombreuses réformes et modifications successives. L'école, vue comme un lieu de réalisation et de transformation personnelle, semble un modèle impossible à atteindre sans repenser le système éducatif plus en profondeur. Des pays comme la Finlande semblent avoir réussi à opérer une telle mutation, et de nombreuses pédagogies alternatives semblent montrer la voie.

Dès le début du XXe siècle, il est intéressant de voir des courants alternatifs émerger qui contestent l'uniformisation de l'éducation perçue comme peu épanouissante, voire aliénante. En effet, de nombreux intellectuels voient l'école comme un lieu de réalisation et de transformation personnelle, et certains décident de proposer des méthodes et pratiques pédagogiques spécifiques pour atteindre cet objectif. Parmi ces pédagogues alternatifs, on retrouve notamment Maria Montessori, Rudolf Steiner, Célestin Freinet, Ovide Decroly, Loris Malaguzzi, Barbara Arrowsmith-Young ou Roger Cousinet, pour ne citer qu'eux. Reprenant de bonnes pratiques transmises au cours des millénaires, ou inventant de nouvelles pratiques, ils créent des courants, mouvements et écoles afin de redéfinir l'éducation et ses enjeux.

3. L'INTÉGRATION D'ALTERNATIVES DANS L'ÉDUCATION PUBLIQUE

L'enseignement, tel que préconisé par l'État français, est l'objet de nombreuses critiques. Les détracteurs reprochent notamment le manque d'adaptation de l'enseignement aux différents profils d'apprenants. Sur le site de l'Éducation nationale, on peut lire clairement que les pédagogies proposées par l'État reconnaissent que tous les élèves ont des capacités qui leur sont propres, et que leurs différences individuelles peuvent résider tant dans leur capacité à acquérir de nouvelles connaissances, que dans leurs valeurs, croyances et codes culturels. Les termes de psychologie, d'affect, de motivation et de personnalité sont même mentionnés. Il semblerait que la pédagogie du système scolaire soit donc pensée pour répondre à ces enjeux de différences individuelles.

Certaines structures associatives à rôle pédagogique sont de plus agréées par le ministère de l'Éducation nationale. Ces associations doivent nécessairement proposer un tronc commun imposé par l'État, afin de conserver leur agrément et bénéficier de financements publics, et interviennent généralement en complément des pédagogies traditionnelles. Il existe également des mouvements pédagogiques qui ont la liberté de former des enseignants afin de faire évoluer leurs pratiques, tout en proposant aux élèves des projets pédagogiques innovants. Ces mouvements sont largement représentés par le Collectif des associations partenaires de l'école publique (CAPE) et proposent des activités en dehors des temps de cours. Les professionnels de ces mouvements sont soumis aux horaires et programmes de l'Éducation nationale, et sont inspectés au même titre que leurs homologues. Au sein de l'école publique, une fédération s'est créée pour regrouper les établissements innovants.

La FESPI promeut l'éducation nouvelle, centrée sur des objectifs et modalités tels que la confiance par défaut, le développement de la confiance en soi, l'acceptation des rythmes individuels, ou encore la collaboration. Ces différents mouvements ou fédérations demeurent toutefois minoritaires dans le système cadré par l'État. D'une part, les Écoles supérieures du professorat et de l'éducation ou ESPÉ (anciennement IUFM) ne semblent pas dispenser de formation spécifique aux pédagogies alternatives. D'autre part, le besoin de massification et d'uniformisation des pratiques voulu par l'État empêche la plupart du temps de sortir significativement du cadre existant.

Ces dernières années, le Centre national d'étude des systèmes scolaires (CNESCO), a proposé une liste de trente mesures d'amélioration du système éducatif français. Créée à partir de vingt-et-un rapports scientifiques, cette liste constitue un plan *a priori* tangible pour rénover l'enseignement public en France. Sans revenir sur l'ensemble des trente propositions, dont certaines portent par exemple spécifiquement sur les mathématiques ou la lecture, nous avons isolé celles qui semblent avoir un impact direct potentiel sur le développement des *soft skills* des élèves. Quatre de ces propositions nous semblent ainsi concernées :

1. renforcer la mixité sociale, ce qui permettrait de créer des interactions bien plus inhabituelles pour les élèves, les poussant à plus d'adaptabilité ;
2. proposer un accompagnement psychologique pour la réussite en BTS et classes préparatoires, ce qui pourrait permettre de lever certains blocages identitaires notamment ;
3. former les enseignants pour développer une pédagogie de l'éducation à la citoyenneté active au sein de la classe, au travers de débats ou projets citoyens, ce qui permettrait une plus grande contextualisation de certains enseignements, et donc de développer la réflexivité ;
4. prendre en compte dans les examens l'engagement des jeunes au sein de projets civiques et associatifs, pour encourager la prise d'initiative et l'engagement extrascolaire, leviers d'interactions et de réflexions.

4. LA LENTE PROGRESSION DES ENSEIGNEMENTS ALTERNATIFS

En 2020, on compte plus de 85 000 élèves inscrits dans 1 575 écoles alternatives en France, contre 50 000 élèves et 587 écoles alternatives en 2014. Le nombre d'écoles alternatives sur le territoire est en constante augmentation, et avec elles le nombre d'élèves inscrits. Il peut s'agir soit d'une défiance face au système, soit du constat d'un échec du système traditionnel. Par souci d'objectivité, il convient de comparer ce nombre d'écoles par rapport au reste du monde.

Par exemple, il existe 296 écoles Montessori en France, contre plus de 22 000 dans le monde. De même, il existe 22 écoles Steiner-Waldorf en France contre plus de 3 000 dans le monde. Ces chiffres montrent qu'en France, il existe peu d'écoles alternatives par rapport à de nombreux autres pays, et ce même si le chiffre avancé de 1 575 écoles alternatives semble déjà élevé. En effet, avec 85 000 élèves, ces écoles rassemblent à peine plus de 1 % des élèves scolarisés en France.

En interrogeant des professionnels impliqués dans les écoles alternatives dites hors contrat au sens de la loi Debré de 1959 évoquée plus tôt, on retrouve plusieurs points de convergence pour expliquer cette faible proportion. Cinq barrières ressortent ainsi :

1. **une barrière réglementaire :** le cadre réglementaire permettant l'ouverture et la continuité d'activité d'une école alternative est régulièrement durci, au point de permettre la fermeture d'une école sur simple décision administrative. Les lois Gatel en 2018 et Schiappa en 2021 jouent un rôle important dans ce durcissement, évoquant la nécessité de lutter contre les séparatismes. Un tel contrôle peut dissuader de nombreuses personnes souhaitant fonder leur propre école ;

2. **une barrière financière :** dans de nombreux pays, il suffit d'obtenir un accord de l'administration locale ou régionale afin d'ouvrir une école alternative financée par l'État. La France, historiquement centralisée sur les enjeux souverains, impose des conditions strictes pour permettre un contrat de financement d'une école, ce qui exclut la très grande majorité des écoles alternatives ne répondant pas aux exigences pédagogiques de l'État. Cette contrainte implique *de facto* pour l'école de trouver un modèle économique propre, revenant quasi systématiquement à faire payer les parents plusieurs milliers d'euros par an ;

3. **une barrière de continuum :** il existe de nombreux récits d'enfants passés par des écoles alternatives et se retrouvant en échec, une fois de retour dans le système éducatif classique. Car il existe très

peu de collèges et lycées alternatifs, et encore moins d'universités alternatives. Démarrer son éducation différemment, c'est également prendre le risque de ne pas réussir à accepter par la suite un système plus contrôlant et moins épanouissant ;

4. **une barrière élitiste :** en France, les recruteurs prêtent attention aux diplômes et au nom des écoles par lesquelles est passé un candidat. Or, les écoles alternatives ne constituent nullement un élément de prestige ou d'employabilité valorisé par les entreprises. S'il est probable que cela change dans la décennie à venir, le pari est dur à prendre pour de nombreux parents. Il ne faut pas oublier que les élites françaises sont exclusivement constituées d'anciens élèves ayant réussi dans le système traditionnel.

5. **une barrière culturelle :** la France est historiquement un pays de l'excellence académique, au travers des disciplines scientifiques et littéraires. L'enseignement traditionnel laisse peu de place au jeu, à la discussion, aux arts et à la recherche du bien-être. Il y a donc un fossé à franchir pour que la plupart des gens et des élites parviennent à valoriser les écoles alternatives, qui accordent bien plus d'importance à l'épanouissement, à la créativité et à la réalisation de soi.

La France possède une histoire unique sur le plan culturel, dont notre système éducatif actuel est l'une des conséquences. Il y a d'un côté l'éducation que l'on aimerait donner, et d'un autre côté celle que l'on peut donner avec les contraintes sociales, financières, politiques, culturelles et administratives. L'égalité des chances implique dans notre histoire l'uniformisation et la standardisation des pratiques. Mais lorsque le système semble clairement mettre en échec une frange de la population, il devient essentiel de repenser un dogme aussi structurant.

Les enseignements alternatifs en France ne sont pas encore confrontés au sujet de massification. Si cela devait arriver, pourraient-ils conserver leurs spécificités ? Au XXIe siècle, est-ce que la technologie pourrait permettre une meilleure égalité des chances pour l'ensemble des jeunes Français, tout en contextualisant les pratiques pédagogiques à chacun ? Parce que la technologie ne peut passer à l'échelle que des bonnes pratiques, il est temps d'entrer plus en profondeur dans ces pédagogies innovantes, alternatives et oubliées qui semblent plus propices au développement des *soft skills*.

CHAPITRE 15

Pédagogies innovantes, alternatives ou oubliées

De nombreux ouvrages et publications traitent des pédagogies innovantes et alternatives de manière approfondie. On peut même dire que le sujet suscite l'intérêt depuis plus d'un siècle ! L'objectif de ce chapitre n'est donc pas de passer en revue toutes les pédagogies existantes ou ayant existé, mais plutôt de proposer une sélection de ces pédagogies, pour les regarder sous l'angle du développement des *soft skills*. Ainsi, après avoir présenté les principales techniques pédagogiques innovantes (1), nous nous focaliserons sur les principales écoles alternatives déployées en France (2) avant d'évoquer des pédagogies d'ailleurs ou d'antan (3).

Qu'est ce qu'une méthode pédagogique ?

Les observations proposées ici relèvent de l'avis d'experts, et non pas d'études scientifiques formelles ; elles sont donc à considérer avec pragmatisme et recul. Rappelons que le sujet des *soft skills* est très mouvant, et que la plupart des pédagogies renferment très souvent des idéologies à l'origine même de leur création. De plus, il convient de rappeler la différence entre méthode et procédé ou technique. Alors que les procédés ou techniques ne sont que des modalités pédagogiques, la méthode se veut plus générale et désigne plutôt la conception de l'éducation, avec une philosophie, des objectifs, et un ensemble de procédés ou techniques (Buisson, 1887). **Pour faire simple, une méthode pédagogique peut être vue comme une combinaison savante de techniques pédagogiques, qui correspondent elles-mêmes à des types d'apprentissage.** Ce chapitre permet de détailler ces différents types d'apprentissage.

1. LES PRINCIPALES TECHNIQUES PÉDAGOGIQUES INNOVANTES

Nous nous sommes particulièrement intéressés aux pédagogies dont les modalités nous semblent vertueuses et cohérentes pour le développement de *soft skills* dans un cadre sociétal. Il s'agit donc bel et bien de préparer des individus ayant une identité propre et affirmée, et capables de contribuer activement au développement de la société. Ce cadre peut se traduire notamment par les grandes caractéristiques suivantes :

- viser la réalisation de soi et l'autonomie des apprenants comme objectifs fondamentaux ;
- prioriser l'estime de soi, la confiance en soi, l'affirmation de soi chez l'apprenant ;
- développer les compétences de créativité, d'esprit critique, de communication et de collaboration ;
- préparer à la responsabilité citoyenne, à la bienveillance et à la solidarité active ;
- centrer l'éducation sur l'apprenant et non sur les savoirs et contenus à acquérir ;
- assurer un rôle actif de l'apprenant par la participation et l'expérimentation ;
- adapter les méthodes et pratiques aux rythmes et styles d'apprentissage de chacun.

Les écoles alternatives sont généralement liées à une personnalité fondatrice, qui a impulsé un courant pédagogique selon une certaine idéologie et vision de la société. Avant d'explorer certaines de ces pédagogies, il nous paraît intéressant de passer rapidement en revue les grands courants pédagogiques sans leur attribuer une personnalité ou idéologie particulière. Le contenu proposé par l'organisation Bien Enseigner permet cette revue de manière remarquable. En reprenant l'excellente liste proposée par Bien Enseigner, on peut ainsi distinguer plusieurs techniques pédagogiques ; il n'est pas rare dans un enseignement de croiser plusieurs de ces techniques afin d'obtenir un meilleur impact. Chacune comporte des spécificités susceptibles de favoriser le développement de *soft skills*. Bien évidemment, cela implique que la technique soit utilisée selon les bonnes pratiques recommandées pour ce type d'apprentissage (Open University Innovation, 2016).

Apprentissage croisé

Cette technique consiste à créer des liens entre les savoirs formels et les savoirs acquis par les activités du quotidien, dans les différents lieux et moments de vie. Les sorties scolaires reposent sur cette approche pédagogique, comme les visites de lieux historiques par exemple. L'apprentissage croisé permet notamment de solliciter différemment les sens et la perception des élèves, augmentant ainsi les chances de capter l'attention et de transmettre des savoirs. Ce type d'apprentissage semble développer sensiblement la perception systémique, la capacité de vision et d'idéation, ainsi que le raisonnement logique dans une moindre mesure. Selon les interactions entre élèves durant ces sorties, des qualités interpersonnelles peuvent être mises en œuvre dans un contexte semi-formel. Si cette technique développe assez peu les *soft skills*, elle a pour grand intérêt de travailler la perception systémique, en établissant des liens entre différents savoirs, ce que peu de techniques parviennent à accomplir.

Apprentissage inversé ou classe inversée

Cette technique dite active a pour objectif d'utiliser au mieux le temps de cours, pour faire réfléchir et progresser les élèves. Cela implique une préparation documentée du sujet par le professeur, et un temps d'étude par l'élève avant le cours. Chaque élève peut y consacrer le temps nécessaire, ce qui permet une individualisation indirecte de l'apprentissage, dans le cadre où l'élève est autonome et discipliné. Le temps de cours est utilisé pour discuter du sujet, approfondir et ouvrir, de sorte à assurer une bonne assimilation des savoirs et un impact réflexif maximal. Chaque élève peut ainsi proposer sa compréhension du sujet et en débattre avec l'enseignant et les autres élèves. Cette technique permet le développement de nombreuses capacités, telles que l'écoute active, l'expression orale, les stratégies d'apprentissage, mais surtout l'auto-organisation, l'auto-ajustement et le raisonnement logique.

Apprentissage scientifique ou méthode scientifique

Cette technique repose sur les bases de la méthode scientifique, à savoir l'observation, la formulation et le test d'hypothèses avec logique, objectivité et rigueur. Cette technique est depuis longtemps utilisée dans l'enseignement traditionnel des sciences physiques et naturelles, et peut être étendue aux autres disciplines par des expérimentations. Appliquée de manière collective par petits groupes, elle permet de développer l'ensemble des *soft skills* et de leurs composantes sociales et cognitives, avec une emphase plus forte sur toutes les capacités liées à l'anticipation, à la pensée logique et à l'approche systémique. Grâce à sa composante d'expérimentation et de mise en action, cette technique est l'une des plus complètes en matière de développement des *soft skills*. Elle nécessite généralement des équipements et une préparation significative pour l'enseignant.

Apprentissage par argumentation

Cette technique place la logique et la preuve de vérité au centre de l'apprentissage. À partir d'une simple question ouverte à la classe, il est possible d'animer un dialogue constructif entre les élèves, où la seule règle est d'argumenter avec logique et bienveillance. Le principal intérêt de cette technique est sa force réflexive, grâce à la formulation itérative des propos pour les rendre de plus en plus structurés et cohérents. Ce type d'apprentissage semble développer significativement l'écoute active, l'expression orale, le raisonnement logique et la capacité de formulation des opportunités, ainsi que de nombreuses autres *soft skills* et capacités. Pour être efficace sur le plus grand nombre, ce type d'apprentissage nécessite une attention particulière sur les profils introvertis et ceux ayant un faible éveil logico-mathématique ou linguistique.

Apprentissage par la méthode socratique

Cette technique est très semblable à la méthode par argumentation citée précédemment, à cela près qu'elle vise à exceller dans l'art de la rhétorique. Initiée par Socrate, retravaillée par son disciple Platon puis perfectionnée par Aristote, lui-même disciple de Platon, la méthode socratique propose aux pratiquants de s'engager moralement dans des joutes verbales, afin de faire émerger l'essence de la vérité. On peut voir cette méthode comme une argumentation davantage passionnée et codifiée, à l'instar des joutes oratoires, sans pour autant tomber dans le sophisme puisqu'il s'agit de rechercher la vérité par la logique. Certains professeurs adaptent cette technique en proposant aux élèves de pratiquer l'auto-questionnement.

Apprentissage contextualisé

Cette technique vise à élargir la portée d'un savoir à de nouveaux contextes, afin d'augmenter la valeur de ce savoir, ainsi que les connexions possibles avec d'autres savoirs. Qu'il s'agisse d'une méthode de négociation employée au cours d'une guerre, ou du calcul de la vitesse d'un téléphérique, chaque apprentissage peut se transposer à de nombreux autres contextes. La difficulté de cette technique pour l'enseignant est de pouvoir identifier suffisamment de contextes susceptibles de correspondre à la réalité du quotidien des élèves. L'apprentissage contextualisé développe *a priori* des *soft skills* similaires à l'apprentissage croisé, avec peut-être moins d'amplitude. Cette technique peut en revanche permettre à l'élève de mieux identifier ses propres stratégies d'apprentissage et d'assimilation des savoirs.

Apprentissage conceptuel

Cette technique consiste à décomposer les problèmes en problèmes plus simples, et d'accompagner les élèves dans leur résolution tout en faisant le lien pour résoudre *in fine* le problème initial. On retrouve ce type d'apprentissage dans l'enseignement informatique ou mathématique par exemple. Pour être efficace, cette technique requiert de grandes qualités en logique et systémique de la part de l'enseignant, au-delà de ses qualités pédagogiques. Elle permet de développer fortement le raisonnement logique, l'identification active des problèmes, l'identification des conséquences et la perception systémique, ainsi que d'autres capacités liées à l'anticipation et au processus créatif. Lorsque cette technique est appliquée à la systémique humaine, elle permet également de développer la perception sociale et acquiert une dimension réflexive, bénéfique pour le développement personnel.

Apprentissage intégré

Cette technique itérative permet à l'élève d'acquérir de nouvelles connaissances en capitalisant sur les savoirs déjà acquis. Il s'agit d'une démarche volontaire reposant sur la motivation d'approfondir une thématique. Le rôle de l'enseignant est d'accompagner la prise de conscience pour réaliser l'état des connaissances et les zones à approfondir, pour effectuer une comparaison avec les apprentissages en cours. Ce cycle s'achève par une démarche réflexive de l'élève visant à décrire les nouveaux acquis tout en commentant le ressenti lié. Selon les profils d'apprenants, cette démarche peut s'avérer très difficile à mettre en œuvre. Lorsqu'elle fonctionne, elle permet de développer sensiblement le raisonnement logique, l'identification active des problèmes, ainsi que l'auto-organisation et l'auto-ajustement grâce aux effets fortement réflexifs de la démarche.

Apprentissage adaptatif

Cette technique consiste à proposer plusieurs parcours types d'apprentissage, afin de répondre aux différents styles d'apprentissage des élèves. La particularité de cette méthode réside dans la construction en amont de parcours structurés propres au thème abordé, permettant à chacun d'avancer à son rythme au fil des auto-évaluations, tout en s'assurant d'arriver à l'objectif pédagogique fixé. Une telle technique représente un travail ambitieux pour tout enseignant, et requiert des capacités d'ingénierie et de perception sociale importantes. Tout comme l'apprentissage fortuit, les *soft skills* développées par cette technique dépendent fortement du sujet abordé, et tendent à renforcer le style d'un élève.

Apprentissage fortuit

Cette technique porte surtout sur la reconnaissance de ce que chacun peut apprendre des aléas et activités dans son quotidien. Pour être efficace, elle nécessite un processus réflexif régulier, où les élèves peuvent raconter aux autres des expériences apprenantes qu'ils ont vécues récemment. Suivant l'expérience vécue, les *soft skills* sollicitées peuvent être très différentes. Il est donc important que l'enseignant encourage les élèves à sortir de leur zone de confort ou à s'impliquer pleinement dans leurs passions, afin de vivre de nouvelles expériences enrichissantes et développer de nouvelles *soft skills*. L'apprentissage fortuit peut constituer un rituel quotidien ou hebdomadaire pouvant s'inscrire dans n'importe quel programme pédagogique.

Apprentissage productif ou échec productif

Cette technique consiste à proposer des problèmes trop complexes aux élèves, puis à expliquer leur résolution après une tentative collective de résolution généralement vaine. En plus de permettre l'assimilation du raisonnement lié à la résolution du problème, cette technique banalise l'échec et en fait un élément clé de toute stratégie d'apprentissage. Elle n'est pas très compliquée à mettre en œuvre, et ne nécessite pas de ressources particulières. Sa complexité réside avant tout dans la difficulté d'expliciter et de simplifier au maximum l'explication de la résolution, afin de ne pas laisser de côté certains élèves. L'apprentissage productif semble être très efficace pour développer les capacités cognitives, en lien avec l'anticipation, la pensée logique et l'approche systémique.

Apprentissage par ancrage mémoriel

Cette technique consiste à répéter de manière intentionnelle et organisée des informations afin de favoriser leur assimilation et leur mémorisation. Partant du principe que le cerveau prend en compte la fréquence d'occurrence d'une information pour l'enregistrer durablement, l'ancrage mémoriel est en pleine expansion dans le monde de l'ingénierie pédagogique, largement porté par le courant des neurosciences en pédagogie. Cette technique a notamment donné naissance au concept de micro-apprentissage ou *micro learning*, qui vise à proposer des périodes de formation de quelques minutes, espacées à intervalles réguliers. Plus généralement, la notion de répétition d'un concept dans une formation est une bonne pratique applicable à n'importe quelle formation.

Le sujet des pédagogies pourrait remplir une bibliothèque entière, tant il est vaste et sujet à débat. Le présent ouvrage n'a ainsi pas vocation à représenter l'exhaustivité des pédagogies existantes, mais vise plutôt à proposer quelques angles utiles pour le développement des *soft skills*. Ainsi, nous avons notamment laissé de côté les pédagogies dites technologiques, telles que l'enseignement programmé de Skinner, ou les pédagogies dites socialisées, comme la méthode progressiste de Snyders. Par souci de concision, nous avons pris le parti de ne pas aborder des pédagogies connues que sont les pédagogies socio-constructiviste, soviétique, archétypale, intégrale, spiralaire, authentique, et bien d'autres encore. Pour autant, nous en reconnaissons les apports potentiels pour le développement de certains aspects liés aux *soft skills*.

2. LES PRINCIPALES ÉCOLES ALTERNATIVES : MONTESSORI, FREINET, STEINER-WALDORF

Au-delà des techniques pédagogiques, la mise en œuvre est ce qui fait réellement la différence. Les écoles alternatives proposent des combinaisons et adaptations de différentes techniques, selon des valeurs et une idéologie propres à chacune. C'est la raison pour laquelle il est intéressant d'entrer dans quelques-uns de ces univers, et de chercher à en comprendre les spécificités. Par souci de concision, seules les méthodes Montessori, Freinet, Steiner-Waldorf et Summerhill[1] seront abordées. Quelques autres exemples sont ensuite plus brièvement évoqués.

Écoles Montessori

La pédagogie Montessori est probablement la pédagogie alternative la plus populaire dans le monde, avec plus de 25 000 écoles réparties sur l'ensemble du globe, dont environ cent-cinquante en France. Cette pédagogie a été développée par la docteure Maria Montessori au début du XXe siècle en Italie. Elle se fonde sur l'éveil sensoriel de l'enfant, le respect de son rythme naturel et le développement de son esprit d'autonomie (Montessori, Hunt, Valsiner, 2014). Dans les enseignements Montessori, tous les sens sont donc sollicités lors des différentes activités individuelles ou collectives. Les niveaux sont mélangés, et deux enfants du même âge n'effectuent pas nécessairement les mêmes activités. En effet, chacun peut choisir dans une certaine mesure son matériel et l'activité à faire. Le professeur est principalement en soutien et en observation, avec une posture bienveillante et sécurisante. En France, en tant qu'école hors

1. La méthode Summerhill est présentée dans les compléments en ligne (voir p. 171).

contrat au sens de la loi Debré, une année de scolarisation en école Montessori représente un coût de 4 000 à 10 000 euros par élève, à charge pour les parents.

Bien que populaire, la pédagogie Montessori suscite malgré tout de nombreuses réserves et critiques, formulées dès 1913. Au-delà des simples détracteurs, certaines figures de l'enseignement pro-Montessori regrettent la liste figée de matériel pédagogique, les plages horaires obligatoires de travail individuel et la rigidité globale du système, parfois même qualifiée de dogme. Ainsi, sur le site de la pédagogue pro-Montessori Céline Alvarez, le lecteur est interpellé dès son arrivée par une fenêtre mettant en garde contre l'application stricte de la méthode Montessori. Céline Alvarez y explique que les résultats probants de sa propre expérimentation à Gennevilliers sont le fruit d'une adaptation assez profonde de la pédagogie Montessori, qu'elle considère comme un simple point de départ. Elle évoque même la possibilité pour enfants et enseignants de se retrouver en « grande difficulté » avec la méthode originale. La psychanalyste Françoise Dolto, adepte d'une éducation plus souple, considère que certains enseignements interviennent trop tôt, au risque de rendre les enfants maniaques, obsessionnels et intolérants aux surprises et aux mouvements de la vie.

La pédagogie Montessori, malgré les critiques, se développe dans le monde entier depuis plus d'un siècle. Appliquées avec prudence et intelligence, les techniques sous-jacentes semblent pertinentes pour développer un grand nombre de capacités et *soft skills* : écoute active, expression orale, autogestion, contribution collective, perception sociale, stratégies d'apprentissage, enseignement et médiation, raisonnement logique, perception systémique, vision et idéation, évaluation, planification, auto-ajustement et auto-organisation. Surtout, elle semble permettre le triple développement de l'estime de soi, de la confiance en soi et de l'affirmation de soi.

> Pour aller plus loin : www.decouvrir-montessori.com ou www.montessori-france.asso.fr.

Écoles et classes Freinet

La méthode Freinet est l'un des principaux courants pédagogiques de l'éducation nouvelle en France, parmi d'autres méthodes telles que Decroly, Cousinet ou Claparède. Créée après la Première Guerre mondiale par le couple de pédagogues Élise et Célestin Freinet, cette méthode prône le respect du fonctionnement naturel de l'enfant, capable d'apprendre à parler ou marcher par lui-même. On compte en France seulement trente écoles Freinet, mais plus de trois mille classes dans des écoles publiques ou privées sous contrat, soumises à l'inspection de l'Éducation nationale. Dès l'origine, les époux Freinet ont cherché à réformer l'éducation plutôt que de créer une école distincte. Célestin Freinet refusait même de parler de « méthode ». Leurs expérimentations à Bar-sur-Seine et à Vence ont été une source d'inspiration pour de nombreux instituteurs et professeurs du système traditionnel. Au fil des décennies, les pratiques ont largement évolué, au point que les pratiques actuelles ont peu en commun avec celles des débuts. Néanmoins, l'esprit de la méthode et les objectifs pédagogiques demeurent.

Cette forme de dilution du mouvement génère de vifs débats depuis ses débuts sur le manque de formalisation de la méthode Freinet, même si ceux qui s'en inspirent se revendiquent largement du mouvement. Parmi les spécificités de la méthode, la notation est remplacée par l'auto-évaluation, et l'accent est mis sur l'observation, la coopération, l'expression orale et écrite, et l'esprit critique. Parmi les techniques utilisées pour développer ces aspects, on retrouve les promenades pour observer et décrire la nature, l'expression libre par l'imprimerie, le théâtre libre, le débat philosophique ou la correspondance écrite entre élèves de différentes écoles. La bonne mise en application nécessite une quasi-parité du pouvoir entre les élèves et l'enseignant.

Dans sa volonté de se fondre dans l'enseignement traditionnel pour mieux le réformer, la méthode Freinet est moins tranchée et lisible que les méthodes Montessori ou Summerhill, et a connu une expansion nettement moins importante. Cela semble d'autant plus dommage que l'équilibre pédagogique proposé est favorable au développement de pratiquement toutes les grandes *soft skills*, autant que les bases identitaires de l'estime de soi, la confiance en soi et l'affirmation de soi. En comparaison avec Montessori, la méthode Freinet semble développer davantage le sens du collectif et le goût du travail.

> Pour en savoir plus : www.ecolealternative.com/les-29-principes-de-la-pedagogie-freinet ou www.icem-pedagogie-freinet.org

Écoles Steiner-Waldorf

La méthode Steiner-Waldorf a été créée par le philosophe et occultiste autrichien Rudolf Steiner au tout début du XXe siècle. Il existe environ mille écoles Steiner-Waldorf dans le monde, dont vingt-trois en France pour un peu plus de deux mille élèves. Parmi ces vingt-trois écoles, cinq sont sous contrat avec l'État. La pédagogie a pour objectif de permettre le développement harmonieux et éclairé des enfants, et peut être assimilée à un mouvement philosophico-religieux, même si l'enseignement y est officiellement laïque. Rudolf Steiner était lui-même philosophe et fervent défenseur du christianisme. Perçu comme très charismatique, les croyances et prises de position de Steiner ont fortement influencé les profils d'enseignants et de parents adhérant au concept.

Le caractère surprenant de ce mouvement réside dans l'inclusion de disciplines telles que l'astrologie, l'ésotérisme, la biodynamie, ainsi que des concepts religieux en lien avec le cosmos ou le karma par exemple. Tous ces aspects se combinent au travers d'une doctrine appelée anthroposophie, qui vise la recherche de la sagesse humaine. Bien plus qu'une méthode, les écoles Steiner-Waldorf défendent une idéologie reposant sur une science des mondes supérieurs, et un équilibre de l'homme avec son environnement. Si le fond défendu paraît noble, l'anthroposophie et les écoles Steiner-Waldorf ont largement été suspectées de représenter une source potentielle de dérives sectaires. Aujourd'hui encore, le débat reste ouvert, avec d'anciens élèves et professeurs alertant le grand public sur des dérives évidentes, en lien notamment avec la promotion du racisme, ou la prise de position politiques appuyées sur des pseudo-sciences. Il reste malgré tout important de dissocier les individus responsables de ces agissements et la méthode elle-même.

Au-delà de ces considérations, un aspect intéressant des écoles Steiner-Waldorf réside dans le caractère profondément réflexif des enseignements, ayant pour objectif la recherche d'une forme d'équilibre et d'harmonie. Les techniques pédagogiques sont systématiquement teintées d'une approche philosophique, même l'éducation physique. L'ouverture sur le monde et la nature est placée au centre de la pensée. Pas de notation, pas de redoublement ; la méthode vise également à atteindre un équilibre entre activités scientifiques, artistiques et philosophiques.

Pour en savoir plus : www.pedagogie-waldorf.fr

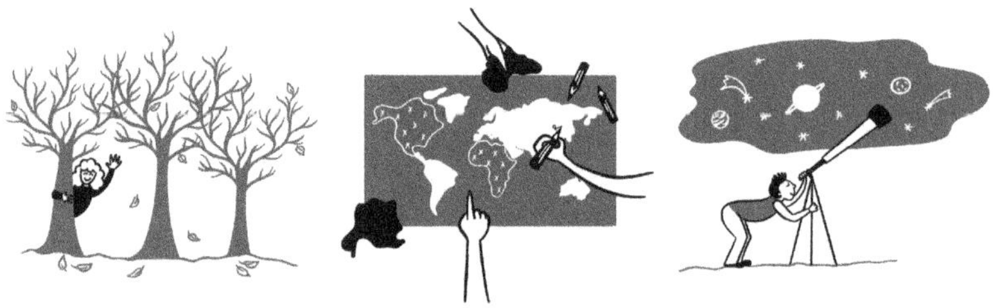

3. D'AUTRES PÉDAGOGIES D'AILLEURS OU D'ANTAN

Il existe de très nombreuses écoles alternatives dans le monde, qui ne se revendiquent pas d'un courant pédagogique précis. Au lieu de cela, elles empruntent des philosophies et des méthodes pédagogiques à diverses méthodes. Si les méthodes Montessori, Freinet et Steiner-Waldorf sont les plus connues, d'autres recoupent largement leurs préceptes. Également, bien avant l'enseignement traditionnel répandu dans le monde entier depuis la fin du XIXe siècle, il existait des courants pédagogiques fondés sur la responsabilisation et la transmission mutuelle de savoirs.

En Europe par exemple, l'école mutuelle incarnait cette philosophie. Nous souhaitons nous attarder sur cette méthode en particulier car c'est à notre sens la méthode la plus complète pour développer les *soft skills* d'un individu. Apparue en Angleterre au XVIIe siècle, elle se répand en France au cours du XIXe siècle, et finit par disparaître suite aux attaques répétées tant de l'État que de l'Église. Pourtant, le modèle est en mesure de prouver son efficacité et sa rentabilité : un enseignant peut encadrer plus de cinquante élèves, et un enfant peut apprendre à lire en deux ans, contre six ans dans l'enseignement approuvé par l'État.

Surtout, les enfants développent un goût pour le savoir, et s'habituent à débattre avec le professeur ou à enseigner à des plus âgés qu'eux. Pour l'État, dans une France en pleine industrialisation, le risque de détourner cette future main-d'œuvre des métiers manuels est inacceptable. Pour l'Église, la concurrence directe est préjudiciable à la mainmise sur l'enseignement en France. De nos jours, l'école mutuelle retrouve des adeptes, notamment en Allemagne pour certains enseignements spécialisés, comme pour les enfants en situation de handicap sensoriel, ou ceux qui se trouvent en situation d'échec scolaire dans le système traditionnel.

> Pour en savoir plus sur d'autres méthodes alternatives et oubliées : www.dunod.com/ean/9782100830923 (Les + en ligne).

http://dunod.link/11hbu41

De nombreuses autres méthodes sont à l'origine des pédagogies de certaines écoles alternatives. En France, par exemple, plusieurs écoles démocratiques se fondent actuellement sur les préceptes de l'école Sudbury, fondée aux États-Unis dans les années 1960 et qui s'appuie sur l'absence de cours, de professeurs ou de programme scolaire. Toutes ces méthodes, bien que philosophiquement et humainement passionnantes, interrogent sur le futur rapport des élèves à la société, dans un système fonctionnant aux antipodes des valeurs qui leur ont été inculquées. Plus globalement, quelles que soient les méthodes alternatives employées, la pleine insertion des apprenants dans un monde loin de leur éducation peut être difficile, voire traumatisante pour certains. Dans la mesure où le système éducatif doit permettre de préparer à la contribution au système productif, l'évolution de ce dernier sera critique pour permettre l'adoption de masse et la réussite des pédagogies réellement en rupture.

La plupart des pédagogies alternatives sont apparues en Europe au moment de la révolution industrielle. Leurs fondateurs se sont élevés comme autant de voix pour lutter contre les travers d'un système économique mondial en grand besoin de profils obéissants et standardisés. L'uniformisation de l'éducation vers des pratiques descendantes et peu réflexives a progressivement retiré de l'enseignement la plupart des *soft skills*. De nos jours, la création de valeur vient de la capacité humaine à s'adapter aux changements permanents, et à résoudre collectivement des problèmes non routiniers trop complexes pour les machines. L'enseignement doit donc se saisir à nouveau de l'enjeu du développement des *soft skills*.

En marge du système, chacune à leur manière, les écoles alternatives ont permis de conserver et de cultiver les techniques qui aident à développer la plupart des *soft skills*. En prenant soin de séparer les dogmes des techniques, il est possible de proposer des pédagogies éprouvées pour le développement des différentes *soft skills*. En fait, ce détour par les méthodes alternatives permet de poser les bases du développement des *soft skills* : tout part de notre rapport à notre identité.

CHAPITRE 16

Comment développer les *soft skills* ?

Voici une question pour laquelle de nombreux dirigeants, managers et professionnels RH seraient désormais prêts à payer cher ! Au risque de décevoir, il n'existe aucune recette miracle capable de garantir des résultats incroyables en un temps record. D'une part, rappelons que le concept même de *soft skills* n'est même pas défini de manière uniforme par ceux qui l'utilisent… ce qui s'avère peu pratique pour se mettre d'accord sur des méthodes de développement. D'autre part, on peut avoir tendance à oublier qu'une *soft skill* n'est pas une compétence au sens classique du terme. Elle est plutôt un moyen de s'adapter à un nouveau contexte en adoptant les bons comportements.

Dans ce chapitre, nous abordons donc cette problématique en mettant en avant le rôle majeur de l'identité dans le développement des *soft skills* (1) et proposons une nouvelle approche de la compétence (2). En guide de synthèse (3), un résumé théorique sur les méthodes et techniques permettant de les développer est proposé.

Par définition, cette compétence n'existe techniquement pas tant qu'elle n'est pas sollicitée dans le contexte en question. Or, elle peut être sollicitée différemment dans différents contextes ; par conséquent, il n'existe pas de solution toute prête. Mais le pire reste à venir : développer les *soft skills* d'un individu est un processus complexe qui prend du temps, et vise à modifier en profondeur l'individu, bien au-delà de la compétence en question. Après avoir abordé les techniques et méthodes pédagogiques connues ayant un impact sur le développement des *soft skills*, il convient de s'intéresser de plus près à leur origine, pour comprendre comment mieux les solliciter, les évaluer ou les développer.

Dans le cadre d'une synthèse, il sera alors plus évident de proposer des pistes concrètes à utiliser chez soi, dans son quotidien ou au travail. Quoi qu'il en soit, nous sommes conscients que cette partie s'appuie sur des concepts qui divisent des spécialistes renommés depuis des décennies, voire des siècles. L'objectif n'est donc pas d'avancer une vérité ou une réponse absolue, mais plutôt de proposer une piste de réflexion et d'action qui nous paraît cohérente, étayée et prometteuse.

1. LE RÔLE MAJEUR DE L'IDENTITÉ DANS LE DÉVELOPPEMENT DES *SOFT SKILLS*

On entend souvent dire que chaque individu est unique. Et c'est exact ! De nombreux paramètres font de nous les personnes que nous sommes : valeurs, croyances, connaissances, compétences, préférences, souvenirs, etc. Ces paramètres généraux sont eux-mêmes composés de très nombreux paramètres. L'état de tous ces paramètres forge ce que l'on appelle l'identité. Bien que la notion d'identité varie selon les courants de sociologie ou de psychologie (Ferréol, 2010), il est possible de résumer le concept simplement : l'identité englobe les constructions mentales itératives issues de notre rapport au monde et à nous-mêmes.

En d'autres termes, lorsque nous percevons le monde, ou lorsque nous menons une introspection, nous en dégageons certaines réflexions, préférences et émotions. Le résultat forge progressivement ce que nous sommes et notre rapport à tout ce qui existe, modifiant ainsi notre perception future.

Il est important de comprendre le concept d'identité, afin d'envisager les *soft skills* avec un regard plus expert. Pour rappel, les *soft skills* sont les compétences de réflexion et d'interaction qui nous permettent de nous adapter dans de nouveaux contextes. Pour entrer dans une démarche d'adaptation, il est nécessaire d'avoir saisi que des changements sont survenus autour de nous. C'est notre perception qui permet d'identifier ces signaux, et plus précisément nos sens : la vue, le toucher, l'ouïe, le goût, l'odorat, qui sont les cinq sens historiquement connus, mais également tous nos autres sens. La communauté scientifique s'est ainsi accordée en 2018 pour reconnaître quatre nouveaux sens : la proprioception (perception dans l'espace de notre corps), l'équilibrioception (perception de notre équilibre), la thermoception (perception de la température) et la nociception (perception de la douleur).

Pour bien se représenter ces différents sens, vous pouvez imaginer un robot auquel on chercherait à faire percevoir les différents concepts. Alors que le toucher permet de percevoir la pression, cette fonctionnalité ne permettrait pas au robot de ressentir directement la douleur, sinon il ressentirait la douleur dès qu'il touche le moindre objet. Pour pallier cela, il faudrait une autre fonctionnalité lui indiquant un problème d'intégrité physique qui doit être pris en compte. Il existe même d'autres sens peu ou pas présents chez l'être humain : électroperception (perception des champs électriques), magnétoception (perception des champs magnétiques), ou écholocalisation (perception de l'environnement physique).

Lorsque nous percevons des informations grâce à nos sens, nous pouvons identifier les éléments susceptibles d'être incompatibles avec un ou plusieurs aspects de notre fonctionnement. D'un point de vue évolutionniste, cette perception a bien évidemment pour intérêt de permettre la survie par l'adaptation grâce à la perception. Dans nos sociétés modernes, l'adaptation correspond moins à des enjeux directs de survie, et davantage à des situations dans lesquelles nous considérons que nous devons réussir. Il peut s'agir de trouver Charlie dans une bande dessinée, gérer un conflit avec une autre personne, réagir face à un produit concurrent sur le marché, ou tout simplement décoder la signalétique d'un plan de centre commercial. Pour notre cerveau, il s'agit avant tout de résoudre un problème plus ou moins complexe, impliquant des parts variables de logique et d'émotion.

En combinant tous les paramètres liés à la perception, au traitement et à l'interprétation des informations, c'est ainsi notre identité qui détermine nos réactions pour nous adapter face aux différentes situations. Les *soft skills* sont en quelque sorte des extensions capacitaires de notre identité : elles nous permettent d'agir sur nous-même ou sur le monde qui nous entoure pour refléter la volonté de notre identité. Bien évidemment, ces lignes directrices doivent être considérées avec beaucoup de recul et de prudence, tant elles font appel à une grande quantité de concepts complexes et ambigus. Vouloir développer les *soft skills*, c'est vouloir modifier la manière dont nous agissons et réagissons pour nous adapter. Cela revient donc à modifier la manière dont nous percevons, traitons et interprétons les informations. Loin d'être une vérité scientifique, il s'agit avant tout d'un exercice de vulgarisation visant à exprimer le lien entre nos actions et notre identité. Ce qu'il faut retenir de ces lignes est que pour développer les *soft skills*, il est fondamental de prendre conscience de la complexité du sujet, connecté au concept d'identité.

Pour aller plus loin, il est possible d'appréhender l'identité au travers du prisme socio-cognitiviste, tel qu'abordé par Albert Bandura dans ses recherches (2019). Bandura présuppose que le développement de capacités d'apprentissage peut être nettement amélioré par l'affirmation de soi, la confiance en soi et l'estime de soi. Il associe un déficit d'une ou de plusieurs de ces capacités comme un frein au développement de manière générale. Ces concepts font l'objet de nombreux débats et discussions – ce qui n'est pas le sujet de cet ouvrage. Nous proposons ci-dessous des définitions issues de la littérature, tout en laissant à chacun la liberté d'approfondir ces concepts pour se les approprier :

- **l'estime de soi** peut être considérée comme la conscience et la reconnaissance de sa propre valeur dans l'absolu (Bruchon-Schweitzer & Boujut, 2014) ;
- **la confiance en soi** relève plutôt de la conscience assumée de ses forces et faiblesses, et de sa capacité à agir. Bandura la voit comme un sentiment d'auto-efficacité, mais elle peut être également vue comme un aspect de la personnalité liée à un sentiment plus général d'équilibre. Dans les deux cas, la confiance en soi représente finalement une composante de l'estime de soi ;
- **l'affirmation de soi** définit la capacité à s'exprimer librement et à défendre ses droits tout en respectant l'autre, dans un esprit d'amélioration de ses relations sociales (Monié, 2018). Comme la confiance en soi, l'affirmation de soi est une composante de l'estime de soi.

À partir de ces éléments, nous faisons l'hypothèse que toute action de développement des *soft skills*, pour être efficace dans la durée sans générer de troubles pour l'individu en contrepartie, doit s'effectuer dans une démarche qui favorise les bases de l'identité que sont l'estime de soi, la confiance en soi et l'affirmation de soi. Ces bases permettent notamment de mieux appréhender le développement de trois grandes dimensions de l'esprit humain : la cognition, la conation et l'émotion (Kaufman, 1991a, 1991b, 1992). Cette « trilogie de l'esprit », telle qu'elle a été nommée par le chercheur en psychologie Ernest Hilgard (1980), constitue l'un des piliers de la psychologie, et repose sur les travaux d'experts depuis plus de deux siècles dont principalement Kant, mais également Goethe, Hegel, Nietzsche, Heidegger, Buber, Freud, Adler, Jung, et même Descartes. Selon Hilgard ou encore Kaufmann, ces penseurs et scientifiques ont tous abordé le même sujet sous des angles différents, résultant en trois grands construits que sont la cognition, la conation et l'affect.

Ces trois dimensions de la personnalité ont été largement explorées et comparées dans la littérature scientifique, que ce soit par Hilgard et Kaufmann, ou d'autres encore (Mayer, Frasier, Carlsmith, 1997).

Nous faisons l'hypothèse que le développement des *soft skills* repose sur le développement sous-jacent de ces trois dimensions :

1. la cognition est un concept complexe, qui peut être simplement défini comme la capacité à percevoir, traiter, accumuler et restituer des connaissances (Ramachandran, 2002). Comme la conation et l'émotion, le concept de la cognition fait l'objet d'une innombrable quantité de publications scientifiques ou philosophiques, avec de nombreux courants de pensée et divergences d'opinions. Néanmoins, la littérature s'accorde généralement sur le fait que la cognition comporte de nombreuses facettes, comme la perception, l'attention, la mémoire, l'apprentissage, le langage, le raisonnement, et même le traitement des informations provenant de nos sens ;

2. la conation représente la motivation et les préférences d'un individu à l'origine des choix qui définissent son comportement (Higgins, 2012). Dans ce cadre, la motivation peut être vue comme le motif qui nous pousse à agir, et les préférences comme le degré d'habitude et d'affect que nous entretenons avec le comportement à adopter et le contexte à gérer. Une grande partie des recherches sur la conation intègrent l'importance de la biologie dans la motivation, résumant même parfois toute motivation au besoin de compenser un état physiologique donné (Mook, 1996) ;

3. l'émotion est une réponse adaptative rapide et brève d'un individu face à un contexte, impliquant une réaction physiologique et cognitive (Niedenthal, Krauth-Gruber, Ric, 2006). Il est possible de voir l'émotion comme un raccourci de notre cerveau pour permettre à une personne de s'adapter à une situation particulière. L'émotion est un concept souvent décrit comme l'affect, même si les puristes y voient une nette différence liée au rapport à l'activité ou à l'action, et surtout à la plus grande variété dans le concept d'émotion, là où l'affect semble simplement positif ou négatif.

Ces trois dimensions sont distinctes, et pourtant intimement liées, chacune ayant une influence sur les deux autres. Par exemple, certains types d'émotions semblent favoriser la mémoire et l'apprentissage, tout comme certains types d'émotions semblent affecter la motivation et les préférences. Également, sous certaines conditions, la cognition semble pouvoir jouer un rôle de régulateur des émotions et de la motivation, comme lorsque nous nous retenons de reprendre une part de gâteau, ou que nous nous maîtrisons pour garder notre calme face à une personne agressive. Ce dernier exemple en particulier se réfère à une capacité de contrôle que l'on peut retrouver dans certaines *soft skills*. Pour bien réfléchir et interagir, nous devons être à l'écoute de chacune des trois dimensions de la trilogie de l'esprit, et les prioriser en fonction du résultat à atteindre.

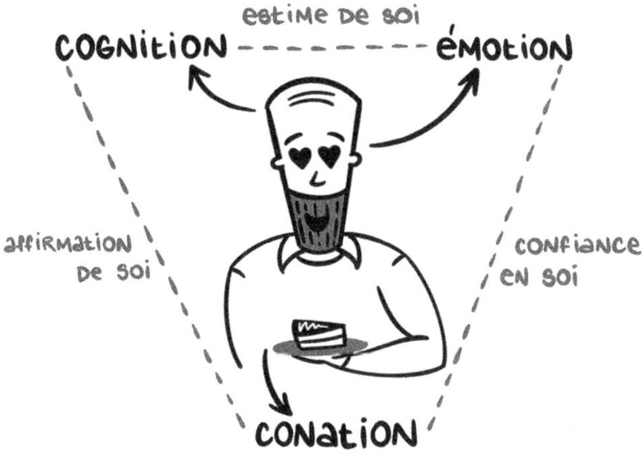

Effectivement, une *soft skill* est une compétence organisée par notre cerveau pour réfléchir et interagir de manière adaptée selon le contexte. En prenant comme repère la trilogie de l'esprit, il est désormais possible de découper chaque *soft skill* selon ces trois composantes. Par exemple, pour faire preuve d'une bonne écoute active, quelle est la part de cognition nécessaire ? La part de conation ? La part d'affect ? Cela revient à penser le sujet du développement des *soft skills* comme une recette de cuisine où chaque élément de la trilogie de l'esprit serait un ingrédient. Ce qui est intéressant avec cette approche, c'est que la littérature regorge d'expériences et de conseils permettant de développer les facultés cognitives, ou la personnalité, ou notre rapport aux émotions. Alors que cette même littérature est plus qu'ambiguë sur le sujet plus condensé des *soft skills*.

En termes d'ingénierie pédagogique, il devient possible de repenser le sujet à partir d'expertises et pratiques déjà connues. Et pour aller encore plus loin dans l'esprit de formation et de développement, il nous apparaît nécessaire de distinguer deux aspects de la cognition : d'une part, la capacité à réfléchir, apprendre et mémoriser ; d'autre part, la connaissance stockée. Les connaissances que nous accumulons sont en effet stockées dans notre mémoire. Elles vont potentiellement orienter nos préférences et nos émotions face à de futures situations. Mais ces connaissances peuvent être vues comme un stock, bien distinct de nos capacités à les solliciter ou à en acquérir de nouvelles. Par exemple, pour parler anglais, j'ai besoin d'avoir acquis le vocabulaire et la grammaire nécessaires, mais cela ne me sert à rien si je ne suis pas en mesure de solliciter ces connaissances. C'est par exemple ce qui arrive lors des amnésies temporaires. Au-delà de nos préférences, de nos capacités et de nos émotions, le savoir dont nous disposons semble jouer un rôle à part entière dans notre faculté à solliciter une compétence de manière pertinente selon le contexte. Par souci de clarté pratique pour la suite, nous proposons donc de séparer les connaissances acquises et les capacités cognitives en deux critères distincts.

2. ESSAI : LA THÉORIE DU TÉTRAÈDRE DE LA COMPÉTENCE

En dissociant savoirs acquis et capacités cognitives, nous obtenons ainsi une trilogie de l'esprit plus précise, maintenant composée de quatre dimensions : l'émotion, la conation, la cognition et les savoirs acquis. Avec ces quatre paramètres, nous proposons d'introduire la théorie du tétraèdre des compétences. Inédite et purement théorique, elle a vocation à permettre un pas de côté sur l'approche du concept de compétences, tout en tentant d'établir un cadre potentiel d'ingénierie pour les besoins en développement ou en évaluation de *soft skills*.

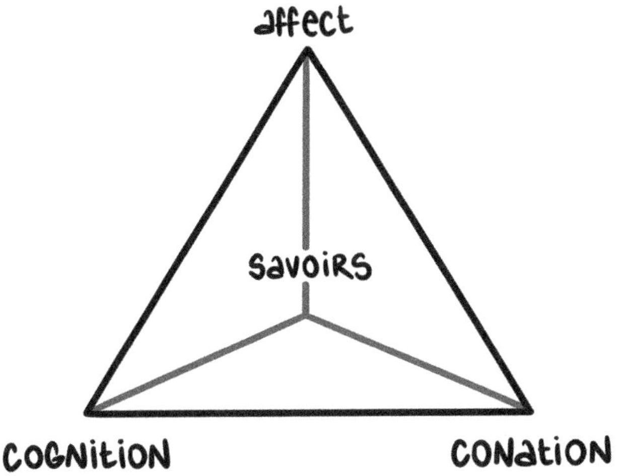

Figure 5 – *Représentation visuelle de la théorie du tétraèdre de la compétence*

L'intérêt de la théorie du tétraèdre est de dépasser le clivage classique entre *soft skills* et *hard skills*, ainsi que de replacer le concept de compétence au bon niveau logique, c'est-à-dire au-dessus de ses composantes. Après tout, une compétence, quelle qu'elle soit, se définit comme l'ensemble des construits mis en œuvre pour l'atteinte d'un résultat donné. La compétence de construction d'un mur demande des savoirs spécifiques, c'est évident. Mais elle demande également de savoir s'adapter au contexte : le maçon ne s'y prendra pas de la même manière selon la pente du terrain, la météo, les matériaux disponibles, et d'autres paramètres encore.

On pourrait dire que pour chaque situation, il existe de bonnes pratiques, que le maçon doit connaître, et que tout pourrait se résumer aux savoirs et savoir-faire. Mais pour prendre conscience des paramètres d'une situation, il est nécessaire d'observer, d'analyser et de comprendre cette situation dans toute sa complexité. Si les connaissances peuvent aider, elles doivent être sollicitées de manière logique pour correspondre au contexte identifié. C'est la cognition qui permet ce travail. De même, il existe rarement une seule manière de faire les choses. Les préférences et la motivation du maçon peuvent fortement influer sur la technique adoptée, sur la qualité de la réalisation ou sur le temps passé à la faire. Nous le savons tous : nous ne mettons pas la même rigueur ni la même énergie dans un sujet selon qu'il nous motive ou non ! Enfin, l'état émotionnel du maçon peut affecter son rythme de travail ainsi que la qualité du travail, comme cela peut arriver pour n'importe quelle personne.

Finalement, ce qui semble *a priori* être une *hard skill* recouvre en réalité toutes les dimensions impliquées dans la mise en œuvre des *soft skills*. Une compétence est une compétence ; notre tendance à les séparer en *hard skills* et *soft skills* est une conséquence historique, probablement liée à la stigmatisation de certaines compétences par l'armée américaine au début des années 1970, dans une période où les tâches productives étaient principalement portées sur la maîtrise de savoirs et savoir-faire. Ces éléments, dans une société très mécaniste, ont entraîné une difficulté à créer un continuum logique entre ces compétences et les autres, reposant moins sur des savoirs formels. Pourtant, elles décrivent la même famille de concepts ; disons simplement que les mêmes ingrédients de base sont répartis différemment.

Cette théorie du tétraèdre des compétences est émergente, et il faudra la tester activement à l'aide d'études expérimentales et sociales. Avant cela, il convient donc de rester prudent sur l'approche, et de l'utiliser plutôt comme un cadre de compréhension permettant de souligner que *soft skills* et *hard skills* sont composées des mêmes dimensions, dans des proportions différentes. En poussant l'exercice un peu plus loin, plutôt que de séparer les compétences en deux univers, nous pourrions imaginer quatre grandes familles de compétences, représentées chacune par une dominance de l'une des quatre dimensions. Cela ne signifie pas qu'une compétence correspond uniquement à une dimension ou une autre, mais simplement que l'une des quatre dimensions semble avoir plus d'importance que les autres dans la mobilisation de telle ou telle compétence.

Le plus intéressant avec cette approche serait de pouvoir identifier des techniques pédagogiques adaptées à la dominante de la compétence. On n'apprend pas à parler anglais ou à construire un mur comme on apprend à consoler un proche ou à devenir créatif ! À partir de cette approche en quatre grands types de compétences, voici ce qui pourrait ressortir :

1. **les compétences formelles** dépendent en grande partie de savoirs spécifiques. Ce sont ces compétences que l'on qualifie de *hard skills*. Les savoirs acquis et l'expérience constituent les clés de la mise en œuvre de ces compétences ;

2. **les compétences cognitives** dépendent en grande partie de la sollicitation de nos capacités cognitives. Les capacités liées au raisonnement logique et à l'expression se rangent assez naturellement dans cette catégorie. Pour développer ces compétences, il est nécessaire de travailler notre rapport à la logique et à l'objectivité, ainsi que notre rapport à la connaissance. Des techniques comme l'apprentissage argumenté, conceptuel, scientifique, inversé ou productif semblent bien adaptées pour répondre à ces objectifs. Les méthodes comme l'école mutuelle, l'école socratique, et dans une moindre mesure Montessori, Freinet et Waldorf semblent favoriser le développement de ce type de compétences ;

3. **les compétences conatives** dépendent en grande partie de la sollicitation de nos préférences et motivations. Parce que l'intensité et la nature de la motivation est propre à chaque individu, ces compétences peuvent être délicates à généraliser. Pour développer ces compétences, il est nécessaire de travailler sur nos habitudes et notre rapport à la motivation. Des techniques comme le coaching, l'apprentissage fortuit ou inversé semblent bien adaptées pour répondre à cet objectif ;

4. **les compétences émotionnelles** dépendent en grande partie de la sollicitation de nos émotions. Il serait possible d'y placer les compétences et capacités directement liées au concept d'intelligence émotionnelle ou de développement personnel, comme l'écoute active, la perception ou l'auto-ajustement. Pour développer ces compétences, il est fondamental de travailler sur notre rapport aux émotions. Des techniques comme le coaching, la thérapie ou la méditation semblent adaptées à cet objectif. Les méthodes comme Montessori, Freinet ou Waldorf semblent également favoriser le développement de ce type de compétences.

Ci-après, nous avons essayé de comprendre la nature des capacités et *soft skills* du modèle Hester H10, selon les quatre dimensions de la théorie du tétraèdre des compétences. Ainsi, pour l'écoute active par exemple, nous avons tenté d'identifier l'importance de chacune des quatre dimensions dans la mobilisation de la capacité, sur une échelle de 1 à 3. Une croix correspond à une faible sollicitation de la dimension correspondante, alors que trois croix indiquent la prépondérance de cette dimension dans la mobilisation de la capacité. À ce stade, l'exercice est loin d'être validé scientifiquement : il a simplement consisté à générer un consensus entre cinq chercheurs en psychologie et en sciences sociales à partir d'une notation indépendante pour chacun et d'une mise en commun avec discussion et harmonisation. Il s'agit donc d'une première approche, que nous ne manquerons pas d'explorer plus en détail dans les années qui viennent.

Estimation a *priori* de l'importance par dimension du tétraèdre des compétences

ESTIMATION *A PRIORI* ET INDICATIVE DE L'IMPORTANCE DES DIMENSIONS DU TÉTRAÈDRE DES COMPÉTENCES POUR CHAQUE CAPACITÉ ET *SOFT SKILL* DU MODÈLE HESTER H10*		DIMENSIONS SOLLICITÉES			
		CONATION	ÉMOTION	COGNITION (CAPACITÉS)	SAVOIRS (STOCK)
Communication	Écoute active	×××	××	××	××
	Expression orale	×××	××	×××	×××
Collaboration	Autogestion	×××	×	××	××
	Contribution collective	××	×××	××	××
	Communication écrite	×××	×	×	×××
Influence	Perception sociale	××	×××	×	××
	Persuasion et inspiration	×××	×××	×××	××
Gestion d'équipe	Négociation	××	××	×××	×××
	Projection humaine	××	×××	×	××

ESTIMATION *A PRIORI* ET INDICATIVE DE L'IMPORTANCE DES DIMENSIONS DU TÉTRAÈDRE DES COMPÉTENCES POUR CHAQUE CAPACITÉ ET *SOFT SKILL* DU MODÈLE HESTER H10*		**DIMENSIONS SOLLICITÉES**			
		CONATION	**ÉMOTION**	**COGNITION (CAPACITÉS)**	**SAVOIRS (STOCK)**
Transmission	Stratégies d'apprentissage	xxx	x	xx	xx
	Enseignement et médiation	xxx	xx	xx	xxx
Anticipation	Formulation des opportunités	x	x	xxx	x
	Prédiction analytique	x	x	xxx	xx
Pensée logique	Raisonnement logique	x	x	xxx	xx
	Identification active des problèmes	xxx	x	xxx	xx
Approche systémique	Identification des conséquences	x	x	xxx	xx
	Perception systémique	xx	xx	xxx	xxx
Processus créatif	Vision et idéation	xxx	xx	xxx	xx
	Évaluation	xx	x	xxx	xx
	Planification	x	x	xx	xx
Développement de soi	Auto-ajustement	xxx	xx	xx	xx
	Auto-organisation	xxx	xx	xx	xx

**NB : Ces estimations représentent des avis d'experts* a priori, *et ne sont pas issues d'une démarche scientifique. De nombreux travaux restent à mener pour fiabiliser une démarche de ce type.*

Source : JobTeaser, 2022.

3. SYNTHÈSE SUR LES PÉDAGOGIES POUR LE DÉVELOPPEMENT DES *SOFT SKILLS*

À partir des éléments détaillés tout au long de l'ouvrage, nous vous proposons une synthèse théorique sur les méthodes et techniques susceptibles de permettre le développement des *soft skills*. Ainsi, dans le premier tableau ci-après, nous reprenons la plupart des types d'apprentissage présentés dans l'ouvrage, afin d'estimer leur impact sur le développement de chacune des capacités et *soft skills* du modèle Hester H10. Nous ajoutons en complément les trois bases identitaires que sont l'estime de soi, la confiance en soi et l'affirmation de soi. À noter que comme pour le tableau précédent, l'exercice est loin d'atteindre une validité scientifique : il a simplement consisté à générer un consensus entre cinq chercheurs en psychologie et en sciences sociales à partir d'une notation indépendante pour chacun et d'une mise en commun avec discussion et harmonisation.

Nous faisons l'hypothèse que certaines techniques favorisent des capacités spécifiques, et qu'une méthode pédagogique complète doit par conséquent pouvoir associer plusieurs techniques dans un programme cohérent. D'ailleurs, les méthodes pédagogiques alternatives, comme Montessori, Freinet, Waldorf ou l'école mutuelle répondent à cet objectif d'associer différentes techniques. Le deuxième tableau permet d'estimer, sur la même base que le précédent, l'impact *a priori* de chacune de ces méthodes sur les capacités et *soft skills* du modèle Hester H10.

Estimation a *priori* de l'impact des types d'apprentissage

ESTIMATION *A PRIORI* ET INDICATIVE DE L'IMPACT DES DIFFÉRENTES TECHNIQUES SUR LE DÉVELOPPEMENT DE CHAQUE CAPACITÉ ET *SOFT SKILL* DU MODÈLE HESTER H10*		TECHNIQUES PÉDAGOGIQUES PAR TYPE D'APPRENTISSAGE									
		CROISÉ	ARGUMENTÉ	FORTUIT	CONTEXTUALISÉ	CONCEPTUEL	SCIENTIFIQUE	INTÉGRÉ	ADAPTATIF	INVERSÉ	PRODUCTIF
Communication	Écoute active		×××	×			×		×	×××	×
	Expression orale		×××	×			×		×	×××	×
Collaboration	Autogestion			×			××	×	×	××	
	Contribution collective		×	×			××		×	×	
	Communication écrite			×			×		×	××	
Influence	Perception sociale		×	×		×	×		×	×	
	Persuasion et inspiration		×	×			×		×	×	
Gestion d'équipe	Négociation		×	×			×		×	××	
	Projection humaine			×		×	×		×		
Transmission	Stratégies d'apprentissage		×	×	×	×	×	×	×	×××	
	Enseignement et médiation		×	×			×	×	×	××	
Anticipation	Formulation des opportunités		××	×		××	×××		×	×	×××
	Prédiction analytique		×	×		××	×××		×	×	×××

ESTIMATION *A PRIORI* ET INDICATIVE DE L'IMPACT DES DIFFÉRENTES TECHNIQUES SUR LE DÉVELOPPEMENT DE CHAQUE CAPACITÉ ET *SOFT SKILL* DU MODÈLE HESTER H10*		**TECHNIQUES PÉDAGOGIQUES PAR TYPE D'APPRENTISSAGE**									
		CROISÉ	**ARGUMENTÉ**	**FORTUIT**	**CONTEXTUALISÉ**	**CONCEPTUEL**	**SCIENTIFIQUE**	**INTÉGRÉ**	**ADAPTATIF**	**INVERSÉ**	**PRODUCTIF**
Pensée logique	Raisonnement logique	×	×××	×	×	×××	×××	××	×	××	×××
	Identification active des problèmes			×		×××	×××	××	×	××	×××
Approche systémique	Identification des conséquences			×		×××	×××	×	×	×	×××
	Perception systémique	××	×	×	××	×××	×××	×	×	×	×××
Processus créatif	Vision et idéation	××		×	××	××	××		×		×
	Évaluation			×		××	××		×		×
	Planification			×		××	××		×		
Développement de soi	Auto-ajustement		×	×		×	×	××	×	××	
	Auto-organisation			×		×	×	××	×	×××	
Base 1 – Estime de soi		×	×	××	×	××	××		××		
Base 2 – Confiance en soi		×	××	××	×	××	××		××		
Base 3 – Affirmation de soi		×	××	××	×	×	××		××		

**NB : Ces estimations représentent des avis d'experts* a priori, *et ne sont pas issues d'une démarche scientifique. Elles n'ont pas matière à porter un jugement de valeurs ou de performance sur les différentes méthodes et techniques. Par défaut, chaque technique est considérée comme ayant un impact sur les trois bases de l'identité de l'élève. En effet, toute démarche pédagogique différenciée portant une attention particulière à l'élève est de nature à favoriser son développement.*

Source : JobTeaser, 2022.

Estimation *a priori* de l'impact des méthodes alternatives

ESTIMATION *A PRIORI* ET INDICATIVE DE L'IMPACT DES DIFFÉRENTES ÉCOLES SUR LE DÉVELOPPEMENT DE CHAQUE CAPACITÉ ET *SOFT SKILL* DU MODÈLE HESTER H10*		ÉCOLES ALTERNATIVES			
		MONTESSORI	FREINET	STEINER-WALDORF	MUTUELLE
Communication	Écoute active	×××	×××	×××	×××
	Expression orale	×××	×××	×××	×××
Collaboration	Autogestion	×××	×××	×××	×××
	Contribution collective	×××	×××	×××	×××
	Communication écrite	×	×××	×	×××
Influence	Perception sociale	×××	××	××	×××
	Persuasion et inspiration	×	××	××	×××
Gestion d'équipe	Négociation	×	×	×	××
	Projection humaine	×	×	×	××
Transmission	Stratégies d'apprentissage	×××	××	××	×××
	Enseignement et médiation	××	××	××	×××
Anticipation	Formulation des opportunités	×	×××	××	××
	Prédiction analytique	×	××	××	××
Pensée logique	Raisonnement logique	××	×××	××	×××
	Identification active des problèmes	×	×××	××	×××

ESTIMATION *A PRIORI* ET INDICATIVE DE L'IMPACT DES DIFFÉRENTES ÉCOLES SUR LE DÉVELOPPEMENT DE CHAQUE CAPACITÉ ET *SOFT SKILL* DU MODÈLE HESTER H10*		ÉCOLES ALTERNATIVES			
		MONTESSORI	FREINET	STEINER-WALDORF	MUTUELLE
Approche systémique	Identification des conséquences	×	××	××	××
	Perception systémique	××	××	×××	××
Processus créatif	Vision et idéation	××	××	××	××
	Évaluation	××	××	××	××
	Planification	××	××	××	××
Développement de soi	Auto-ajustement	×××	×××	×××	××
	Auto-organisation	×××	×××	×××	××
Base 1 – Estime de soi		×××	×××	×××	×××
Base 2 – Confiance en soi		××	×××	××	×××
Base 3 – Affirmation de soi		××	×××	××	×××

**NB : Ces estimations représentent des avis d'experts* a priori, *et ne sont pas issues d'une démarche scientifique. Elles n'ont pas matière à porter un jugement de valeurs ou de performance sur les différentes méthodes et techniques. Par défaut, chaque technique est considérée comme ayant un impact sur les trois bases de l'identité de l'élève. En effet, toute démarche pédagogique différenciée portant une attention particulière à l'élève est de nature à favoriser son développement. Source : JobTeaser, 2022*

Ces deux tableaux permettent notamment de bien pointer à nouveau la différence fondamentale entre technique pédagogique et méthode pédagogique (ou pédagogie). Alors que la technique se concentre sur un angle et une manière de faire, la méthode vise des objectifs, et utilise les techniques comme autant de moyens pour atteindre ces objectifs. Dans ce cadre, et au regard des informations disponibles, nous estimons que l'école mutuelle est la méthode la plus riche et la plus complète pour le développement de l'ensemble des *soft skills*. Sur une capacité spécifique, elle peut se montrer moins performante ci et là, mais dans la globalité, cette approche couvre l'ensemble des vingt-deux capacités du modèle H10, ainsi que les trois bases identitaires. Plus généralement, chacune des grandes méthodes alternatives est impressionnante par la couverture qu'elle propose en matière de développement des *soft skills*. Sans entrer dans le détail de la critique des idéologies ou pratiques, il est important de leur reconnaître cet aspect : elles sont sans aucun doute des sources précieuses d'inspiration pour quiconque souhaite développer une nouvelle méthode pour enfants, ou pour adultes.

En abordant les techniques et méthodes pédagogiques, l'ouvrage semble plutôt porter sur le développement des *soft skills* chez les enfants. Loin de vouloir réduire notre message à cela, nous sommes convaincus que les techniques et méthodes utilisées dans l'enseignement sont des inspirations précieuses pour repenser la formation continue, voire le travail et le management. Dans une école Montessori, les formes et les couleurs des objets et de la classe ne sont pas laissées au hasard, car elles ont une importance sur la stimulation et l'engagement de l'enfant. Dans l'école mutuelle, la manière de travailler en groupe ou de former des plus âgés permet de créer un rapport au savoir qui n'est plus fondé sur l'âge ou le statut social. Même à l'âge adulte, ces détails comptent ; ils constituent autant d'enseignements à prendre en compte pour repenser l'entreprise.

Développer les *soft skills* ne se résume pas à aller en formation de temps à autre : il s'agit d'un processus continu que l'environnement lui-même doit permettre. Soit autant de facteurs à prendre en compte pour créer des environnements apprenants : le lieu de vie, le lieu de travail, les relations sociales, les relations managériales. À partir des bonnes pratiques issues du monde de l'éducation, il est possible de dresser un portrait des organisations et communautés apprenantes qu'il est nécessaire de faire émerger, si nous souhaitons que chacun puisse développer ses *soft skills* au mieux.

CHAPITRE 17

Vers les communautés et environnements apprenants

Il serait possible de remplir plusieurs bibliothèques avec le concept d'organisation apprenante. Nous tâcherons donc de rester aussi brefs et concis que possible, afin de mettre en avant les aspects du sujet qui nous paraissent importants pour le développement des *soft skills*. Dans notre quotidien, il est critique de prêter attention à la qualité de nos interactions d'une part, et également à la qualité de notre environnement d'autre part. La notion de qualité s'entend ici au sens des critères susceptibles de favoriser le développement des *soft skills*. Une organisation sensible à ces critères tend généralement à être connue en tant qu'organisation apprenante. Dans ce chapitre nous définissons rapidement ce concept (1) avant de faire le postulat que c'est la bonne articulation entre l'environnement de travail (2), la composition des équipes (3), les modes de travail (4) et les pratiques managériales (5) qui favorise le développement des *soft skills* chez les individus.

1. L'ORGANISATION APPRENANTE

Le concept a émergé dans la littérature scientifique au début des années 1990 sous l'impulsion d'experts en management tels que Peter Senge ou Philippe Carré. Dans son ouvrage *La Cinquième Discipline* publié en 1990, Senge définit comme organisation apprenante celle qui prend les mesures nécessaires pour assurer le développement continu tant de l'organisation que de ses collaborateurs. Derrière ces considérations, on retrouve largement les préceptes de la théorie systémique, que Senge enrichit en les associant à la théorie de la complexité. La systémique permet une approche holistique de l'organisation, en la considérant comme un ensemble d'éléments interdépendants. Avec la complexité, Senge y ajoute la notion de turbulence et d'imprédictibilité des événements qui peuvent perturber un système. La logique d'associer ces deux théories est de modéliser les paramètres qui permettent de déterminer la résilience d'un système. Une fois déstabilisée, qu'est-ce qui fait qu'une organisation peut revenir à un mode de fonctionnement optimal ?

Dans le cadre d'une organisation composée d'êtres humains, il est indispensable de prendre également en compte les systèmes de croyance, les processus de collaboration et de création d'une vision partagée. En effet, les êtres humains qui composent une organisation peuvent d'une part être source de déstabilisation pour l'organisation, mais sont surtout un élément clé de la mise en œuvre des actions correctives et préventives qui permettent la résilience du système. Il faut donc comprendre et développer les êtres humains, pour leur permettre de gérer des situations de plus en plus complexes.

L'organisation apprenante a pour priorité de supprimer les freins à l'apprentissage individuel et collectif, pour acquérir une haute capacité d'adaptation. Lorsque les collaborateurs augmentent leur capacité à apprendre et à se maîtriser, c'est toute l'organisation qui se dote de moyens supplémentaires pour apprendre et devenir plus adaptable. Pour qu'une organisation puisse apprendre au-delà des individus, il est bien évidemment nécessaire de mettre en place des processus de partage de la connaissance et d'amélioration continue qui lui sont propres. En associant les concepts de systémique, de complexité, de vision partagée, d'amélioration continue et de système de croyances, on commence à entrer dans la mécanique complexe de l'organisation apprenante.

Le concept étant à la mode, il est possible de trouver de nombreuses descriptions et listes de principes. La liste des dix caractéristiques proposées dans l'ouvrage *Devenir une organisation apprenante* offre un cadre intéressant (Arnaud, Mellet, Pierre, *in* Barabel, Meier, Perret, Teboul, 2020) :

1. le droit d'itérer pour réussir, qui permet de considérer l'expérimentation et l'apprentissage comme des composantes fondamentales de la stratégie ;
2. la gouvernance participative et utile, qui vise à porter les débats décisionnels sur les grands sujets, pour favoriser au quotidien la prise d'initiatives locales ;
3. le système d'information actif, qui favorise la compréhension, la responsabilisation et l'action sur le terrain ;
4. les mécanismes intelligents de contrôle et de mesure de la performance, qui permettent de comprendre l'économie du système ;
5. le partage et les échanges au cœur du quotidien, pour capitaliser collectivement sur les acquis individuels tout en activant la curiosité ;
6. la rémunération flexible, pour aligner les récompenses avec les performances et en cohérence avec les valeurs définies ;
7. l'import des informations collectées depuis l'extérieur, notamment par les fonctions en lien avec le marché, pour diffuser une veille dans l'organisation ;
8. l'apprentissage croisé entre organisations, pour capitaliser sur les bonnes pratiques existantes ;
9. l'incitation au partage et à l'enseignement, pour se connecter à des publics différents et apprendre d'eux ;
10. la liberté de se développer par soi-même, pour favoriser l'engagement, la confiance et l'innovation.

Au-delà des principes ou règles générales, il est possible de regarder l'organisation apprenante sous le prisme de quatre grandes composantes : l'environnement de travail, la composition des équipes, les modes de travail, et les pratiques managériales.

2. LE RÔLE DE L'ENVIRONNEMENT DE TRAVAIL

Pour favoriser les échanges, de nombreuses entreprises ont fait le choix de supprimer les bureaux fermés, pour proposer des espaces de travail ouverts, ou *open spaces*. L'expérience cumulée des vingt dernières années montre que ces espaces optimisent la collaboration lorsqu'ils proposent une bonne lumière naturelle, une modularité élevée des espaces, et un aménagement convivial variant les formes, les couleurs et les textures. Il s'agit par exemple d'éviter autant que possible de proposer un mobilier standardisé, mais plutôt de varier les caractéristiques des chaises, du décor et des rangements et accessoires.

La lumière, les formes, les couleurs et les textures constituent autant de facteurs de stimulations pour les sens. Ces stimuli contribuent à développer activement les facultés de perception des individus, augmentant ainsi progressivement et naturellement l'activité de traitement de l'information. L'important est de trouver un cadre optimal, pour stimuler sans générer pour autant trop de parasites. Par exemple, trop de lumière ou trop de couleurs pourrait s'avérer déstabilisant, voire stressant. De nombreuses crèches ou espaces collaboratifs sont conçus selon ces principes, il est assez facile de s'en inspirer.

3. LA COMPOSITION DES ÉQUIPES ET PROFILS

Les équipes hétérogènes font preuve de plus d'adaptation et de créativité dans un contexte turbulent que des équipes aux profils très similaires (Murray, 1989). Inversement, dans un contexte stable et routinier, mieux vaut une équipe homogène. Mais en 2022, quelle organisation peut encore prétendre vivre durablement dans un contexte stable et routinier ? Dans cette période de grandes transformations économiques et sociétales, l'incertitude et les turbulences deviennent le quotidien. D'ailleurs, une analyse menée par McKinsey en 2015 montre que les 25 % des entreprises américaines les plus enclines à la diversité sont également les plus susceptibles d'enregistrer de meilleurs résultats financiers.

Le message est donc clair : pour mettre en place une logique apprenante, il est nécessaire de constituer des équipes aussi variées que possible. Cela inclut bien évidemment des critères de genre ou de groupe ethnique ou culturel, mais également des notions de personnalité, de parcours professionnel et académique, et surtout, de *soft skills*. Il est crucial de repenser la performance sous le prisme de l'équipe et non plus de l'individu. Il faut donc penser les compétences nécessaires à une équipe plus que celles nécessaires à un individu. Du point de vue du développement des *soft skills*, la complémentarité entre les profils constitue un excellent terrain pour apprendre des autres ce qui manque à chacun. Il faut également reconnaître qu'il sera plus difficile pour un groupe hétérogène d'apprendre à travailler ensemble. En ce sens, la phase d'adaptation constitue un exercice d'ajustement idéal pour mettre ses *soft skills* à l'épreuve.

4. LES MODES DE TRAVAIL

Les organisations apprenantes essaient constamment de privilégier l'action, afin d'apprendre le plus rapidement possible du terrain à travers des cas d'usage. Plutôt que de vouloir tout cadrer, l'objectif est de se confronter à la réalité au plus tôt, et le plus souvent possible, pour créer la solution par itérations successives. On retrouve ici la principale caractéristique des méthodes dites agiles. Bien que cela ne se prête pas à toutes les situations, dont certaines requièrent plus d'ingénierie ou d'anticipation, cette règle générale est un bon moyen de rester en mouvement.

Les équipes travaillent généralement de manière fonctionnelle, en se souciant assez peu de la hiérarchie au profit de l'objectif à atteindre. Chacun occupe un rôle clair, qui peut par ailleurs varier selon les contextes et les besoins. Les projets sont ponctués de boucles de rétroaction, ou rétrospectives, pour apprendre et s'améliorer, tant individuellement que collectivement. Du point de vue des *soft skills*, ces pratiques favorisent fortement les comportements de créativité, de réflexivité, de communication et de collaboration.

5. LES PRATIQUES MANAGÉRIALES

Dans une organisation apprenante, le manager est un coordinateur et accompagnateur qui fait le lien entre la stratégie globale de l'organisation et la stratégie locale de l'équipe. Il crée les conditions locales de la performance en donnant à son équipe les moyens et les espaces de dialogue nécessaires. Il assure également le partage de connaissances et de bonnes pratiques, au sein de l'équipe et avec le reste de l'organisation. Il encourage également ces mêmes comportements au niveau individuel pour que chaque personne soit pleinement responsabilisée sur son impact potentiel dans l'organisation.

Le manager pousse son équipe à se dépasser, avec ambition et créativité, mais s'assure également du bien-être de chacun, tout en incitant chacun à faire de même. Dans une équipe stabilisée, le manager n'est différenciable que par le rôle officiel qui lui est attribué, et des interactions privilégiées avec certaines personnes de l'organisation. De telles pratiques managériales développent chez les collaborateurs toutes les *soft skills* nécessaires à un manager. Il est intéressant de souligner que dans une organisation apprenante, pratiquement toutes les *soft skills* sont sollicitées à un niveau avancé, ce qui peut laisser supposer une difficulté structurelle pour ces organisations à trouver suffisamment de managers répondant aux attentes. Les *soft skills* se développent, mais seulement dans un temps long ; lorsqu'on parle de développer significativement toutes les *soft skills* chez un individu, cela implique qu'il soit immergé dans un environnement apprenant pendant un temps long.

Il semble difficile de décorréler le concept d'organisation apprenante de celui d'environnement apprenant, tant les interactions sont essentielles dans un apprentissage permanent optimisé. Il est donc nécessaire de penser le concept d'apprenance en tenant compte du contexte dans lequel on cherche à le faire émerger. Aucun modèle n'est complètement apprenant ni pur. Pour autant, il existe des initiatives qui cherchent à utiliser les outils de l'apprenance (pédagogies alternatives, modes de travail, pratiques managériales, environnements) pour développer des individus. Le chapitre suivant propose quelques cas pratiques d'organisations essayant de développer les *soft skills*, dont certains cas jamais documentés auparavant.

PARTIE 4

EXPÉRIMENTATIONS DE DÉVELOPPEMENT DES *SOFT SKILLS*

De nombreuses pédagogies alternatives et oubliées mettent un accent particulier sur une ou plusieurs *soft skills*, en plaçant leur développement au cœur de la méthode d'apprentissage. Pour autant, au-delà de l'école, il est important de continuer à développer ses *soft skills* tout au long de la vie. Les initiatives se sont multipliées ces dernières années, afin de mettre en place une démarche performante et soutenable à l'échelle pour développer certaines *soft skills*. Bien évidemment, dans la mesure où il n'existe pas de référentiel commun de *soft skills*, chaque initiative obéit à sa propre compréhension du sujet. Il est donc peu évident de les comparer, mais toujours intéressant de les évoquer.

Dans le chapitre 18, nous présentons différents cas pratiques illustrant les stratégies des organisations en matière de *soft skills*. Le chapitre 19 se penche plutôt sur des expérimentations à l'échelle d'un territoire (département, région, pays). Enfin le chapitre 20 se focalise sur les propositions de l'écosystème start-up.

CHAPITRE 18

Cas pratiques dans des organisations

Devant le nombre impressionnant d'initiatives en cours, nous avons choisi de mettre en avant celles qui sont à la fois originales et peu connues du grand public. Ainsi, par souci de place et de temps, nous ne développons pas les exemples déjà bien connus des Compagnons du Devoir, des Écoles de la 2e chance ou des Scouts de France, pourtant très inspirants sur le sujet du développement des *soft skills*. Nous présenterons plutôt l'exemple des Maisons familiales rurales (1), le dispositif Programmeasy déployé par Villages Vacances de France (2) et les approches menées par Air France, BlaBlaCar et Engie au sein de leurs organisations à destination de leurs collaborateurs (3).

1. L'EXEMPLE DES MAISONS FAMILIALES RURALES

Les Maisons familiales rurales (MFR) proposent un modèle de formation innovant et original pour permettre une intégration dans la société et le monde du travail. La démarche, créée en 1935 par des agriculteurs du sud-ouest de la France, est fondée sur le développement du savoir-être, du savoir-vivre, et de la citoyenneté. Elle s'inscrit pleinement dans le mouvement de l'économie sociale et solidaire, et n'est pas sans rappeler la philosophie des Compagnons du Devoir. En effet, les MFR sont généralement destinées aux jeunes en échec scolaire, ou aux adultes ayant des difficultés à s'insérer professionnellement. La pédagogie développée présente de très nombreuses qualités, intéressantes et transposables pour développer certaines *soft skills* chez n'importe quelle personne.

Au total, plus de 700 MFR sont en activité dans une quarantaine de pays à travers le monde, dont 430 établissements en France. Les MFR proposent plus de 350 formations dans 18 secteurs d'activité différents, de la 4e à l'enseignement supérieur. Cela représente plus de 90 000 jeunes et adultes en formation dans le monde, dont 85 % de réussite aux examens officiels à la sortie, et 75 % d'insertion rapide à la sortie du bac professionnel. Les MFR sont soutenues très largement par le gouvernement, ainsi que par des associations régionales comme l'Association des régions de France et l'Association des maires ruraux de France. Au total, plus de soixante institutions et organisations sont partenaires officielles des MFR. Malgré la taille imposante du réseau et du soutien dont il dispose, le mouvement des MFR est cependant assez méconnu du grand public.

Pour obtenir de tels résultats de manière réplicable dans le temps, le modèle des MFR s'appuie sur une pédagogie distincte, co-conçue avec le chercheur en sociologie Guy Le Boterf – à qui on attribue la définition la plus utilisée dans le monde de la notion de compétence. Le Boterf navigue entre le monde de la recherche et celui des entreprises, avec une approche aussi originale que pragmatique. Il n'est donc pas surprenant d'observer un volet identitaire et social extrêmement fort dans la démarche des MFR. Cette démarche repose ainsi sur cinq comportements privilégiés, tant pour les apprenants que pour les formateurs et partenaires :

1. le dialogue et l'écoute ;
2. le respect ;
3. la confiance à tous les niveaux ;
4. la complémentarité dans les rôles et contributions ;
5. l'exemplarité des formateurs.

Un autre pilier de la méthode est le principe de coéducation, qui implique que les familles des apprenants doivent accepter et promouvoir le cadre et les valeurs portées par les MFR. Ainsi, les familles des apprenants sont systématiquement adhérentes à l'association gérant la MFR locale. Il s'agit là d'un aspect intéressant d'un point de vue plus global, tant le sujet de la place des parents à l'école est de plus en plus soulevé par les militants d'une refondation de l'école. En France, l'article 1 de la loi du 8 juillet 2013 prévoit un rôle et une présence accrus des parents à l'école. Mais huit ans plus tard, l'évolution semble assez timide.

Pour impliquer davantage les parents, les MFR les encouragent à venir dans les maisons librement pour échanger avec les équipes éducatives. Les parents sont également sollicités pour des interventions en classe, en fonction de leurs compétences. Surtout, le Conseil d'Administration et le Bureau local leur sont accessibles. Ainsi, plus de la moitié des membres de la gouvernance des MFR locales sont des parents d'apprenants actuels ou passés par une MFR depuis moins de trois ans. Enfin, des séminaires de réflexion sont proposés aux parents qui ne sont pas nécessairement impliqués dans la vie des MFR, afin de les sensibiliser à leur rôle et à l'impact d'une contribution éventuelle.

De même, comme dans la plupart des pédagogies alternatives, la responsabilisation des apprenants est centrale. Le modèle d'apprentissage est fondamentalement celui de l'alternance, avec des séjours réguliers en entreprise. L'originalité repose surtout sur l'attention portée à ces phases professionnelles grâce au carnet de suivi, et à la volonté de transmettre un savoir-vivre ensemble. Le modèle utilise également la force du réseau, en proposant des expériences de mobilité internationale, grâce auxquelles les apprenants peuvent passer une période dans une autre MFR. Il est intéressant de noter que les mobilités sont également proposées aux formateurs, pour enrichir leur expérience et les garder en constante ouverture au monde. *In fine*, c'est une démarche communautaire et solidaire qui est proposée aux parents pour soutenir leurs enfants. En échangeant avec d'autres familles, ils parviennent à résoudre plus facilement leurs problématiques potentielles de logement, d'employeur ou de covoiturage par exemple.

Les apprenants peuvent ou non résider dans les MFR le temps de leur formation, ce qui est généralement un moyen fort de développer leur savoir-vivre et leur capacité à faire société. C'est pourquoi la majorité des apprenants sont en internat. Une MFR compte en moyenne cent-cinquante apprenants, pas nécessairement au même moment ni au même niveau scolaire. En moyenne, 70 % des apprenants ont de quatorze à dix-huit ans. La structure est gérée par un directeur de site, une équipe dédiée aux opérations (cuisine, maintenance, gouvernance, etc.) et des formateurs. Les formateurs jouent un rôle pendant les cours et également en dehors, en accompagnant les apprenants dans la construction et l'avancement de leur projet professionnel. Une journée type dans une MFR est très dense et structurée. Elle commence dès 7 h 30, et propose huit heures de formation réparties en quatre blocs de deux heures tout au long de la journée.

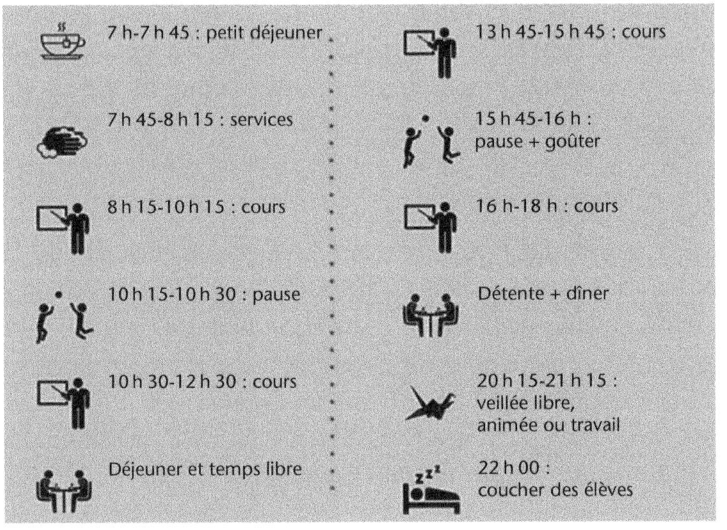

Source : MFR, 2021

Figure 6 *– Journée type pour un apprenant au sein d'une MFR*

Pour conclure, les MFR utilisent notamment le développement de *soft skills* pour favoriser l'insertion professionnelle et la reconnexion au monde. En prenant comme grille de référence le modèle Hester H10, en première lecture, il semblerait que les MFR favorisent *a minima* le développement de plusieurs *soft skills* (S) ou méta-compétences (M).

Pour rappel, dans le modèle Hester H10, chaque *soft skill* est composée de deux à trois méta-compétences. Il est à noter qu'aucune étude ni analyse poussée n'a été menée, et qu'il s'agit uniquement d'une évaluation en première intention. Au total, il semblerait que la démarche des MFR développe au moins douze des vingt-deux méta-compétences, et permette de travailler sur au moins sept des dix *soft skills* du modèle :

1. (S) Développement de Soi (*via* l'auto-ajustement et l'auto-organisation).
2. (S) Communication (*via* l'écoute active et la communication orale).
3. (S) Pensée logique (*via* le raisonnement logique et l'identification active des problèmes).
4. (M) Autogestion et Contribution collective (nécessaires pour la Collaboration).
5. (M) Perception sociale (nécessaire pour l'Influence).
6. (M) Stratégies d'apprentissage (nécessaire pour la Transmission).
7. (M) Évaluation et Planification (nécessaires pour le Processus Créatif).

2. L'EXEMPLE DE PROGRAMMEASY PAR LES VILLAGES VACANCES DE FRANCE (VVF)

En matière d'originalité, l'association Villages Vacances de France (VVF) est au rendez-vous avec son initiative Programmeasy. VVF a été créée en 1959 pour favoriser le tourisme rural et le développement des régions. L'organisation est gérée sous la forme d'une association loi 1901, se revendiquant de l'économie sociale et solidaire. En tant que premier opérateur associatif de villages vacances en France, VVF gère plus de 90 sites répartis sur l'ensemble du territoire, et permet chaque année à plus de 30 000 personnes de partir en vacances pour un prix modéré. Les villages sont généralement co-détenus par l'association et la localité sur laquelle le terrain est situé. En tant qu'acteur à la croisée des chemins entre tourisme et économie sociale et solidaire, VVF est en recherche constante de solutions originales pour amplifier son impact.

C'est pourquoi l'association a lancé en 2021 l'initiative Programmeasy : il permet aux vacanciers à faibles revenus de partir dans l'un des villages du réseau pour seulement 250 euros par famille et par semaine. Sont prioritaires les familles dont un parent au moins est dans une structure d'insertion ; l'employeur peut de plus les recommander à VVF. *A priori*, rien de bien innovant jusque-là. Pourtant, le pari fait par VVF est des plus intéressants : proposer sur une semaine un total de dix heures d'activités en plein air, conçues pour développer certaines *soft skills*. L'acceptation de ces activités « boostées » conditionne l'éligibilité au programme, et concerne tous les membres adultes de la famille. L'expérimentation est notamment financée et suivie par le gouvernement dans le cadre du programme des investissements d'avenir (PIA). Si l'étude d'impact s'avère positive, il deviendra possible à terme pour les vacanciers éligibles d'utiliser leur compte personnel de formation (CPF) pour financer leurs vacances avec Programmeasy.

La notion de vacances apprenantes est une révolution, tant pour le secteur du tourisme que celui de l'enseignement. Lorsque nous avons pris connaissance de cette démarche inédite, de très nombreuses questions ont immédiatement émergé. Par exemple, peut-on vraiment développer des *soft skills* en dix heures à peine ? Est-ce souhaitable d'inclure des temps de formation pendant les vacances ? Les personnes sont-elles vraiment prêtes à jouer le jeu ? Pour nous faire une idée plus précise, nous sommes allés observer le déroulement d'une activité Programmeasy dans l'un des villages VVF. À notre grande surprise, la plupart des participants étaient ravis, motivés, et nous ont confié avoir passé un très bon moment. Une minorité des vacanciers du programme a cependant refusé de participer à l'activité, malgré l'engagement pris en contrepartie du tarif avantageux. Comme pour toute démarche de développement, l'implication des apprenants est nécessaire pour être efficace, et le sujet se situe ici plutôt sur la sélection à l'entrée que sur l'efficacité même du programme.

Programmeasy est composé de cinq sessions de deux heures, conçues sur une pédagogie appelée pédagogie de l'aventure. Cette pédagogie est développée depuis 1971 par l'association américaine Project Adventure. Elle repose sur le principe d'activités collaboratives, créatives et en plein air, pour développer certaines *soft skills*. On retrouve dans cette approche les grands principes de l'apprentissage réflexif expérientiel, notamment promu dans les approches Montessori ou Freinet par exemple. L'objectif est ainsi de mettre l'apprenant en action en lui faisant faire une activité, puis de le faire réfléchir sur différents aspects, notamment pour modéliser des règles et concepts applicables dans d'autres situations. Par cette approche, l'apprenant structure progressivement sa capacité à gérer des situations nouvelles.

Un aspect majeur de cette pédagogie est la nécessité de faire sortir légèrement l'apprenant de sa zone de confort, en proposant un challenge inhabituel qui nécessite de réfléchir ou d'adopter un comportement différent. Il est intéressant d'observer que pour une même activité, les apprenants d'un groupe peuvent jouer un rôle différent, ce qui représente autant de manières possibles de les faire sortir de leur zone de confort sans les faire entrer en zone de stress. Par exemple, si l'activité consiste à aller récupérer un objet situé en hauteur, certains peuvent se lancer dans l'escalade, tandis que d'autres donnent des consignes depuis le sol, ou que d'autres encouragent les grimpeurs. Chacun à leur manière, les apprenants contribuent tous à l'atteinte de l'objectif, et partagent l'adrénaline du challenge. Les défis imaginables sont infinis, mais doivent toujours répondre à l'objectif de faire réfléchir les apprenants *a posteriori*, dans le cadre d'une phase de débriefing.

La pédagogie Project Adventure s'inspire largement de la théorie du développement des groupes, proposée par Tuckman dans les années 1960. Cette théorie découpe la construction de tout groupe en cinq phases : formation, action chaotique, normalisation, performance, ajustement. De plus, pour que ces expériences d'apprentissage positives aient l'impact attendu, Project Adventure décrit six comportements indispensables, que les apprenants et formateurs doivent adopter tout au long de la formation :

1. présence active, pour favoriser le dynamisme du groupe ;
2. sécurité, pour éviter tout accident ;
3. honnêteté, pour créer une atmosphère saine ;

4. solidarité, pour aider les autres ;
5. ambition, pour fixer des objectifs à atteindre ;
6. lâcher-prise, pour accepter de nouvelles choses.

Programmeasy reprend donc l'ensemble de ces principes, en les appliquant aux cinq sessions de deux heures. Une session est composée de dix apprenants au maximum, et animée par un professionnel formé à la méthode. Au fil de la semaine, chaque session aborde l'une des *soft skills* sous un angle thématique : communication, gestion du temps, gestion du stress, confiance en soi, audace. Chaque session commence par une inclusion, consistant en un jeu original supposé mettre en scène le thème de la journée. Ensuite, sur une démarche inspirée de la méthode socratique, le thème de la journée est abordé au travers de grandes questions. Par exemple, pour la confiance en soi, les questions peuvent être : qu'est-ce que la confiance en soi ? Que faut-il pour avoir confiance en soi ? Que permet la confiance en soi ? Enfin, la dernière partie permet de résumer et consolider les grands apprentissages de la journée, et permet à chacun de s'engager de manière autonome et libre sur des objectifs personnels liés au thème du jour.

Pour évaluer l'impact de la démarche, plusieurs questionnaires ont été mis en place.

- Côté apprenants, trois questionnaires jalonnent le parcours : le premier questionnaire en début de séjour permet de faire un état des lieux de leurs motivations et de leur perception d'eux-mêmes. Le deuxième questionnaire est rempli en fin de séjour, pour évaluer la satisfaction sur le programme, ainsi que les objectifs éventuels de développement personnel et professionnel décidés. Le troisième questionnaire est rempli trois mois plus tard, pour observer s'il y a eu une mise en mouvement des apprenants, en lien avec Programmeasy.
- Côté formateurs, un questionnaire est rempli en fin de séjour, pour chacun des apprenants supervisés. L'objectif est d'évaluer la motivation et l'implication des apprenants, ainsi que les faits marquants sur leur ouverture et progression éventuelle au cours du séjour.
- Côté directeurs de village, un questionnaire est rempli en fin de séjour, par chacun des apprenants présents dans le village. L'objectif est d'obtenir le ressenti des directeurs de village, habituellement proches des vacanciers, et notamment capables d'évoquer les évolutions dans les interactions entre vacanciers au cours du séjour.
- Côté employeurs, un questionnaire est rempli trois mois après la fin du séjour, pour les apprenants dont ils sont responsables. En effet, les employeurs des structures d'insertion sont pleinement impliqués dans la démarche. L'objectif du questionnaire est d'évaluer les éventuels changements survenus dans les comportements des apprenants suite à Programmeasy.

Pour conclure, Programmeasy de VVF utilise notamment le développement de *soft skills* pour encourager le développement personnel et professionnel de ses vacanciers. Le cœur de la pédagogie repose sur la volonté de « développer des savoir-être sur la communication, la gestion du temps et du stress, la confiance en soi et l'audace ». En prenant comme grille de référence le modèle Hester H10, en première lecture, il semblerait que Programmeasy favorise *a minima* le développement de plusieurs *soft skills* (S) ou méta-compétences (M). Bien évidemment, avec ses dix heures de formation, ce modèle ne peut être comparé à une école ou à une autre initiative permettant des centaines d'heures d'accompagnement. Le développement des *soft skills* sera donc ici plutôt considéré sous l'angle de l'amorçage ou de la sensibilisation. Même s'il ne s'agit que d'un travail introductif et relativement superficiel, il semblerait que la démarche Programmeasy sensibilise les participants sur au moins seize des vingt-deux méta-compétences, et travaille sur au moins huit des dix *soft skills* du modèle :

1. (S) Communication (*via* l'écoute active et la communication orale) ;
2. (S) Pensée logique (*via* le raisonnement logique et l'identification active des problèmes) ;
3. (S) Influence (*via* la perception sociale et la persuasion et inspiration) ;
4. (S) Transmission (*via* les stratégies d'apprentissage et la médiation et enseignement) ;
5. (S) Anticipation (*via* la formulation des opportunités et la prédiction analytique) ;
6. (S) Processus créatif (*via* la vision et idéation, l'évaluation et la planification) ;
7. (M) Autogestion et Contribution collective (nécessaires pour la collaboration) ;
8. (M) Auto-ajustement (nécessaire pour le développement de soi) ;

3. RETOUR SUR TROIS APPROCHES MENÉES PAR DES ENTREPRISES FRANÇAISES

Les grandes entreprises françaises ne sont pas en reste. Elles déploient toutes des programmes de développement des *soft skills* à destination de leurs collaborateurs. Bien entendu, au regard de leurs enjeux

« business » et du projet des collaborateurs, elles ont une approche pragmatique de la formation. Dans cette section, nous vous proposons un petit tour d'horizon à travers la présentation de trois cas par les acteurs eux-mêmes : Air France, Engie et BlaBlaCar.

CAS D'ENTREPRISE

Air France

Par Anne Grjebine, VP Campus & HR Innovation

Chez Air France, les compétences du XXIe siècle ont été le thème principal de la Learning Week organisée en novembre 2019 pour sensibiliser les collaborateurs à cette problématique. Pendant une semaine, différentes modalités ont été proposées à l'ensemble des salariés : des sessions d'inspiration avec des experts externes, des ateliers gamifiés conçus en interne...

Pour prolonger ces actions présentielles, nous avons décidé de déployer des parcours d'apprentissage digitaux ciblés sur une dizaine de compétences (dont les fameuses 4 C : Esprit Critique, Créativité, Communication, Collaboration) identifiées par le World Economic Forum.

En termes de philosophie, sur un tel sujet, nous pensons que les collaborateurs doivent prendre l'initiative de leurs apprentissages. Faire preuve d'autonomie est un gage d'un fort niveau d'engagement. Nous avons donc noué différents partenariats (Coursera, Crossknowledge, Good Habitz...) afin de pouvoir mettre à leur disposition en permanence, sur notre plateforme digitale « My Learning », un nombre très important de ressources digitales autour des *soft skills*.

Ces modules sont de différentes natures pour correspondre aux attentes de différents publics : des vidéos pour l'inspiration avec des speakers réputés, des e-learnings attractifs pour défricher un sujet en moins d'une demi-heure, des MOOCs, certifiants ou non, pour ceux qui souhaitaient approfondir leur connaissance d'une de ces compétences.

D'expérience, ce sont les modules de *soft skills* qui recueillent le plus d'intérêt des salariés, hormis évidemment les modules sur des compétences réglementaires, sans validation desquels il n'est pas possible d'exercer son métier.

CAS D'ENTREPRISE

Engie

Par Dorothée Lintner, Head of program design, Engie University

Chez Engie, nous avons la conviction qu'un véritable acte d'apprentissage nécessite que les collaborateurs soient conscients des objectifs pédagogiques qu'ils poursuivent et de l'impact d'un programme sur leur portefeuille de compétences. Nous en avons d'ailleurs fait un principe et un élément structurant de notre offre. C'est pourquoi, à l'échelle de l'ensemble du groupe, toute action de formation comprend au démarrage un positionnement initial et en fin de cursus un positionnement final. Ces phases réflexives sont cruciales. Le collaborateur doit savoir évaluer (auto-évaluation) ce qu'il sait, ce qu'il ne sait pas, les raisons qui l'ont poussé à s'inscrire à ce dispositif et enfin le niveau de connaissance et de compétences acquises à la fin de la formation. La posture réflexive et la capacité à être acteur de son développement sont dans l'ADN de l'Université Engie.

Sur le sujet des compétences du XXIe siècle, nous avons une offre qui évolue régulièrement et qui s'adapte aux besoins des collaborateurs. Mais la compétence numéro une pour nous reste la capacité à collaborer. Engie est un groupe extrêmement décentralisé avec des métiers très différents, le tout dans un contexte de transformation radicale de notre marché. La capacité à collaborer est un facteur clé pour déployer une organisation plus agile et renforcer notre capacité à innover en continu.

Afin de booster la collaboration, nous avons mis en place différents dispositifs. Par exemple, depuis cinq ans, nous déployons massivement à destination de nos 30 000 managers un programme appelé « co-leader ». Il est centré autour du leadership partagé, de leviers de coopération et de l'amélioration de la communication au sein des équipes et des entités. En termes d'ingénierie, la conception a été réalisée au niveau du groupe mais chaque entité adapte le cadre et propose une version qui correspond à ses enjeux locaux. Par ailleurs, chaque année nous mettons à la disposition des collaborateurs des ressources sur étagères autour des *soft skills*. À noter d'ailleurs que ce sont les formations les plus consommées par nos salariés.

Aujourd'hui nous voulons aussi développer la capacité à « apprendre à apprendre ». Notre enjeu est de systématiser une culture du *learning* et que l'apprenance soit une seconde nature pour les collaborateurs d'Engie. Nous avons pris le parti de nous centrer en particulier sur nos jeunes collaborateurs : les apprentis, les jeunes diplômés... Lors de la phase d'intégration, nous commençons systématiquement par un module qui vise à booster la curiosité intellectuelle et à faire des jeunes salariés des acteurs de leur développement : quelles sont les caractéristiques de mon environnement ? Quelles sont les clés culturelles et les conduites privilégiées chez Engie ? Comment me développer ?
Suite à la pandémie de Covid-19 et à l'évolution du monde du travail, nous avons décidé de travailler sur deux axes clés :

1. L'intelligence relationnelle : comment faire preuve d'empathie ? Comment apprendre à mieux comprendre l'autre ? Comment adopter une posture de coach ?
2. La capacité à l'inclusion : nous sommes convaincus que la collaboration en hybride nécessite d'être encore plus inclusif. Par exemple, comment inclure dans une réunion mixte présentielle/distancielle ceux qui ne sont pas dans la salle ? Bien entendu, cela va au-delà et nous voulons former les équipes à la diversité, à l'égalité homme/femme, à la non-discrimination et tout ce qui fait que nous agissons en acteurs socialement responsables. Cela va d'ailleurs nous pousser à amender notre charte de leadership.

CAS D'ENTREPRISE

BlaBlaCar

Par Stéphanie Fraise, VP Global Talent Management

Chez BlaBlaCar, la réflexion autour des *soft skills* a démarré lors de mon arrivée dans l'entreprise en 2019. Dans le cadre de nos revues de performances de mi-année, je me suis rendu compte que la définition des objectifs était très bien maîtrisée par les équipes. Cela s'explique notamment par le fait que nous utilisons la méthode OKR

(*Objectives & Key Results*) qui favorise un management efficace par les objectifs. En revanche, la discussion autour du « *how* », autrement dit la manière dont les objectifs étaient atteints (*via* les comportements et les postures) était peu abordée. Nous avons donc initié un chantier pour formaliser les *soft skills* caractérisant BlaBlaCar et notamment notre façon de travailler en tenant compte de nos métiers et de nos objectifs business. Pour ce faire, nous avons d'abord mis en place une démarche très itérative en multipliant les ateliers avec des collaborateurs et des managers afin de déterminer les macro-compétences dont doit disposer un salarié pour s'épanouir au sein de l'entreprise au regard de notre culture.

Forts de ce travail, nous avons abouti à une liste de cinq compétences auxquelles nous associons différents niveaux, de junior à senior.

1. La première compétence est le « *growth mindset* » : la capacité à apprendre. Il s'agit d'être curieux, de faire des veilles pour identifier les évolutions de son environnement et de faire rayonner le « savoir » au sein de l'entreprise. Le niveau junior se focalise sur la capacité à apprendre régulièrement dans son domaine d'activité. Pour obtenir le niveau le plus élevé, il faut également être capable de partager ses connaissances et expériences, faire rayonner le savoir en interne mais également être innovant dans son domaine d'expertise, y compris à l'extérieur de BlaBlaCar.
2. La deuxième compétence est la capacité à prioriser ses actions en fonction de leur importance (« *business priorisation* »). Un collaborateur doit savoir se concentrer sur les tâches à plus forte valeur ajoutée, prendre les bonnes décisions et réaliser les bons arbitrages. Le niveau junior correspond à un collaborateur qui progresse dans son organisation du travail, guidé par des personnes plus expérimentées. Au niveau senior, l'individu organise l'activité d'une entité et sait définir les bonnes priorités pour l'équipe ou pour l'entreprise.
3. La troisième compétence est l'agilité. Un salarié doit s'adapter et faire face aux changements. Il doit être capable d'apporter des solutions nouvelles, d'expérimenter et d'apprendre de ses expérimentations tout en cherchant à atteindre l'excellence qui est dans l'ADN de BlaBlaCar. Dans les niveaux juniors, le salarié doit faire preuve de curiosité. Il sait apprendre de ses erreurs et être à l'écoute des feed-back. Pour les niveaux les plus élevés, les collaborateurs doivent faire preuve d'innovation dans leurs pratiques.

Ils doivent également susciter le changement dans leur domaine de compétences en anticipant les principaux challenges qui seraient susceptibles d'avoir un certain impact sur l'activité de leur équipe.

4. La quatrième compétence concerne la capacité à collaborer et à communiquer. Les équipes doivent savoir travailler de manière transversale. Il faut être capable de connecter les individus entre eux ou encore de partager le bon niveau d'information. Au niveau junior, la personne montre une bonne capacité à s'exprimer oralement auprès d'interlocuteurs en interne, et sait collaborer au sein d'équipes. Pour les niveaux les plus élevés, il faut démontrer une capacité à partager une vision transverse en allant au-delà des membres de sa propre équipe. Il s'agit d'embarquer un collectif avec soi, de mettre en place les méthodes permettant de travailler de façon collaborative en dehors de son équipe et de promouvoir cette façon de travailler.
5. Enfin la dernière compétence est le leadership. Cela tourne autour de la capacité à inspirer, de développer son niveau d'impact et d'assertivité. Sur les niveaux les plus juniors, les salariés doivent démontrer une capacité à poser des questions. Cela passe aussi par un bon niveau d'implication et d'engagement dans son activité. Concernant les niveaux élevés, les collaborateurs doivent savoir communiquer leur vision à long terme dans leur domaine d'expertise. Ils doivent aussi avoir une capacité à prendre des décisions stratégiques en obtenant un fort niveau d'adhésion aux décisions, y compris dans des contextes changeants et en n'ayant pas forcément toutes les informations nécessaires.

Nous avons décidé de ne pas évaluer ces compétences. Les *soft skills* ne sont pas des concepts faciles à manipuler. Nous avons préféré privilégier une approche collective.

Lors des entretiens de performance semestriels, nous mettons en place une appréciation par le manager et par les pairs (360 degrés) : à quelle fréquence observent-ils les différentes compétences mobilisées ? Autrement dit, nous demandons aux parties prenantes avec lesquelles travaille un collaborateur d'indiquer s'ils ont vu ce comportement : jamais, parfois, souvent, systématiquement.

De son côté, le collaborateur fait le même exercice et s'auto-évalue. Ensuite, c'est au manager de décider de la façon dont il va partager les résultats.

Nous avons fait le choix de rendre visible l'évaluation du management et de laisser anonyme celle des pairs.

Chaque salarié dialogue donc avec son manager et va disposer d'une analyse lui indiquant la façon dont il est perçu sur les différentes dimensions. Cela lui permet d'identifier les écarts entre son diagnostic, ceux de ses pairs et celui de son manager, les points forts perçus, les axes de progression...

En particulier, le manager doit formaliser un objectif de progrès associé à des comportements attendus, et illustrer ceux-ci par des exemples précis afin que le collaborateur puisse se projeter concrètement.

C'est au manager et au collaborateur de co-construire son plan d'action.

Quand les écarts sont conséquents, ce sont les équipes RH qui sont chargées d'échanger avec les managers pour s'assurer que le dialogue a eu lieu, que les écarts ont été formalisés et qu'ils se sont appuyés sur des faits observables, ou encore que le collaborateur a pu exprimer sa vision et son point de vue.

Nous complétons cette partie appréciative par des programmes de développement sur nos cinq macro-compétences. Par exemple, nous avons mis en place des formations (présentielle, distancielle, hybride, en situation de travail, co-développement...) autour de la communication orale impactante, de l'agilité, de l'accompagnement du changement, du « *time management* » (gestion du temps) ou encore de la capacité à innover.

Pour la capacité à apprendre, c'est un peu différent. Nous voulons devenir une organisation apprenante et le projet va demander du temps. À ce jour, nous développons des communautés apprenantes dont l'objectif est de développer la curiosité et le partage. Chaque communauté est regroupée autour d'un thème. Ses membres échangent des livres, des podcasts, des conférences... Elles organisent également des conférences à fréquence régulière (une fois par mois par exemple). C'est un premier jalon.

Pour aller plus loin, découvrez le cas des *soft skills* d'un métier en particulier, l'enseignant/chercheur : www.dunod.com/ean/9782100830923 (Les + en ligne).

http://dunod.link/dcmeuz0

Au regard des différents cas étudiés, si l'on observe une disparité des pratiques entre les entreprises, on constate néanmoins un nombre de points convergents :

- la posture réflexive est au cœur des démarches, par le biais de l'auto-diagnostic, de regards croisés (éclairage par les tiers) ou par des pratiques centrées sur la connaissance de soi ;
- les individus sont responsabilisés et sont des acteurs de la démarche ;
- le processus de développement s'inscrit dans le temps long au regard de la complexité du thème et de la nécessité de monter en expertise ;
- les compétences ciblées sont choisies en fonction de la culture de l'organisation et de son système de valeur ;
- les dispositifs pédagogiques sont multimodaux et hybrides, avec un parti pris différent selon la *soft skill* à acquérir.

CHAPITRE 19

Cas pratiques à l'échelle régionale ou nationale

Que ce soit à l'échelle d'un pays, d'une région, d'un département ou d'une ville, il existe des exemples d'expérimentations ou de systèmes plus ou moins réussis en matière de développement des *soft skills*. Le système éducatif finlandais (1) est par exemple désormais bien connu pour ses particularités, et souvent érigé en exemple. C'est pourquoi il est intéressant de le décrire dans les grandes lignes. À un niveau plus local, en France, on rencontre aussi des initiatives aux résultats parfois impressionnants. C'est notamment le cas d'expérimentations menées sur des communautés devenues apprenantes en Île-de-France (l'expérimentation APPEE développée en Seine-Saint-Denis abordée dans la section 2) ou en région PACA (l'expérimentation Quali'Futur explicitée dans la section 3). Ces différentes initiatives sont des sources d'inspiration pour tous les acteurs s'intéressant au développement des *soft skills*.

1. L'EXEMPLE DU SYSTÈME ÉDUCATIF FINLANDAIS

Lorsque de bonnes pratiques pédagogiques parviennent à passer à l'échelle d'un pays entier, il paraît intéressant d'explorer le sujet afin d'en tirer quelques enseignements. C'est par exemple le cas de la Finlande qui dispose depuis plus de vingt ans de l'un des meilleurs systèmes éducatifs au monde, avec une pédagogie largement inspirée de nombreux courants alternatifs ou oubliés, et qui favorise *a priori* le développement de plusieurs *soft skills*, au-delà de l'excellence académique que tout système éducatif devrait viser. La qualité des systèmes éducatifs est évaluée régulièrement depuis l'an 2 000 à l'aide du Programme international de suivi des acquis, ou test PISA, qui évalue tous les trois ans un échantillon représentatif des étudiants d'un pays sur plusieurs disciplines.

Soixante-dix-neuf pays participent au programme PISA. Lorsque l'on regarde les statistiques sur les vingt dernières années, la Finlande présente de meilleures performances que la moyenne des pays de l'OCDE sur tous les sujets évalués et pour toutes les catégories d'âge (primaire, collège, lycée). Surtout, la Finlande présente le plus faible écart au monde entre les élèves les moins bien notés et ceux les mieux notés, ce qui montre un système scolaire efficace et qui crée peu de différences. Avec un budget moyen de seulement 1 100 euros par élève, soit presque huit fois moins qu'en France, la Finlande parvient à se hisser dans le haut du classement PISA depuis plus de vingt ans, là où des pays tels que la France et les États-Unis occupent inexorablement le milieu du tableau. Quelles sont les particularités de ce système éducatif qui parvient, à moindre coût, à mieux former les élèves que la plupart des autres pays tout en créant moins d'écarts de niveaux et d'inégalités ?

En Finlande, l'école est gratuite et offre un soutien scolaire systématique les neuf premières années d'étude. Les enfants ne commencent à aller à l'école qu'à l'âge de sept ans, et disposent en primaire de soixante-quinze minutes de récréation chaque jour. Pour rappel, en France, la scolarisation commence généralement vers l'âge de trois ans, et la récréation en cours élémentaire est de trente minutes par jour. Les élèves finlandais commencent donc l'école plus tard, et ont plus de temps de pause pendant leur scolarisation en primaire. Autre fait intéressant : les six premières années d'école sont totalement dispensées de contrôles de connaissances ou d'évaluations, et les classes sont généralement limitées à seize élèves. L'éducation artistique et culturelle est considérée comme un vecteur majeur de développement de la personnalité, et une place de choix lui est accordée, notamment au primaire. Il n'y a pas ou peu de devoirs à la maison. Il existe un tronc commun pour toutes les écoles, mais chaque municipalité a la possibilité d'adapter les horaires et certains sujets étudiés. De plus, les professeurs sont libres de leurs méthodes pédagogiques, et peuvent même adapter les programmes. Malgré cette autonomie, plus de 93 % des élèves réussissent leurs études secondaires. Quant aux professeurs, ils ne dispensent pas plus de quatre heures de cours par jour, et effectuent au moins deux heures de formation continue par semaine. Ils sont sélectionnés sur concours, et seuls les 10 % les plus performants sont retenus. Leur salaire est d'environ 30 000 euros brut à l'embauche, et atteint une moyenne légèrement supérieure à celle des diplômés de l'enseignement supérieur.

Bien que la Finlande apparaisse de nos jours comme un exemple à suivre, cela n'a pas toujours été le cas. Jusqu'à la fin des années 1960, le tri des élèves était fait dès la fin de l'école primaire, pour spécialiser les élèves en lettres ou vers des vocations professionnelles. Un tel système créait par défaut des inégalités très fortes, d'autant plus que les professeurs étaient formés dans des institutions de qualité très variable selon les régions du pays. Plusieurs réformes ont modifié ces pratiques, prenant près de vingt ans pour faire émerger la Finlande comme un système éducatif performant. De nombreuses réticences et résistances ont jalonné cette transformation, ce qui est un exemple intéressant pour toute initiative de transformation d'un système éducatif à l'échelle nationale.

2. CAS PRATIQUE : L'EXPÉRIMENTATION APPEE EN SEINE-SAINT-DENIS

APPEE (Apprendre ensemble) est une expérimentation menée dans le cadre du dispositif « 100 % inclusion » porté par le Haut-commissariat aux compétences. Elle a pour objectif d'insérer des publics éloignés de l'emploi grâce au développement des *soft skills*. L'expérimentation a été mise en place dans l'agglomération Est Ensemble (Seine-Saint-Denis). Elle a démarré en janvier 2020 pour une durée de trois ans. Les bénéficiaires intègrent une équipe apprenante de huit personnes animée par un facilitateur formé à ze.game, organisme de formation nouvelle génération dont l'approche repose sur le jeu et l'action. Les joueurs relèvent des défis afin de développer leurs 5C (alignement Corps/Esprit, Collaboration, Communication, Créativité, pensée Critique) tout en découvrant des métiers, des formations et des initiatives locales auxquelles ils peuvent contribuer. Le parcours consiste en douze à vingt séances de deux heures où les bénéficiaires se rencontrent pour s'entraider et pour progresser sur les défis qu'ils ont choisis et qu'ils accomplissent entre les séances.

Les résultats proposés présentent des signaux intéressants :

- 30 % de sorties positives (emploi ou formation) sur une première cohorte de cent-trente bénéficiaires ;
- gain de confiance en soi et en sentiment d'efficacité personnelle pour l'ensemble des bénéficiaires ;
- amélioration de la mise en réseau des acteurs du territoire, cartographie des ressources du territoire.

L'apprentissage essentiel de cette expérience est que la première condition de la réussite est l'estime de soi. Cette dernière n'est pas une compétence : c'est une force transverse qui, lorsqu'elle est présente, potentialise l'ensemble des compétences. Dans les accompagnements classiques, la personne accompagnée peut se sentir en infériorité par rapport au spécialiste qui lui préconise des solutions, qu'il soit un manager ou un conseiller emploi. Dans un groupe de pairs basés sur l'entraide, même des personnes en grande difficulté se retrouvent en situation d'être écoutées et peuvent porter assistance aux autres. Cela leur permet de développer leur estime d'elles-mêmes et par rebond leur capacité à s'ouvrir, à apprendre et à gagner en autonomie.

Le catalogue initial de ze.game comportait quatre-vingts défis découpés en cinq niveaux. Cinquante défis supplémentaires ont été construits par la communauté APPEE en partant des ressources présentes sur le territoire autour de la formation, de la recherche d'emploi, de l'activité associative, des projets locaux... Proposer un cadre clair tout en y laissant des espaces vacants stimule la créativité et l'appropriation par les bénéficiaires et les facilitateurs.

Enfin, APPEE représente une rupture par rapport aux modèles d'accompagnement existants, notamment du fait de son caractère transverse : le parti pris de l'expérimentation est en effet de faire des *soft skills* une grammaire commune susceptible de mettre à bas les murs qui séparent les personnes en recherche d'emploi des personnes en activité, le public, le privé et l'associatif, etc. En pratique, il a été difficile de mobiliser les différentes parties prenantes : le territoire est en souffrance depuis des décennies et dispose de peu d'énergie encore disponible pour essayer de nouvelles approches, situation encore aggravée par la crise du Covid qui l'a frappé de plein fouet. Mais cela nous a justement appris que pour parvenir à enclencher une dynamique de changement, il était nécessaire de commencer par rassembler des innovateurs capables d'insuffler de l'énergie dans le projet, de prendre des risques et de mobiliser des réseaux, puis d'embarquer progressivement les acteurs plus pragmatiques.

3. CAS PRATIQUE : L'EXPÉRIMENTATION QUALI'FUTUR EN RÉGION PACA

Quali'Futur est un projet financé par le fonds régional PACA rassemblant un club d'entreprises de l'industrie dont Vinci Construction, SNEF, Dalkia, Engie Home Services, Arkema, FOSELEV... pour recruter et former des profils en transition sur la base de *soft skills*. Le dispositif a été mis en place dans l'agglomération Marseille Métropole à destination d'un public de quatre-vingts personnes en insertion, dont la moitié de jeunes. Il a démarré en janvier 2021.

Le déroulé du dispositif pour les demandeurs d'emploi comporte cinq étapes :

1. intégrer un cercle de recruteurs issus du même secteur ayant des enjeux similaires et une volonté d'innover ;
2. décrire des situations de travail concrètes où se présentent des difficultés (exemple : réagir à un accident de travail, gérer une panne, intégrer une nouvelle personne à une équipe, résoudre un conflit...) ;
3. identifier cinq capacités clés dans un référentiel de vingt-cinq capacités qui permettent de résoudre ces difficultés et être sensibilisé au fonctionnement des *soft skills via* un atelier ;
4. co-construire un jeu de recrutement pour révéler ces cinq capacités par une mise en situation ;
5. prolonger l'expérience par la création d'un club visant à faire connaître cette approche au reste du secteur.

Le déroulé du dispositif pour les recruteurs comporte également cinq étapes :

1. intégrer une communauté de candidats motivés par une aventure collective fondée sur la valorisation de qualités humaines ;
2. vivre une mise en situation par le jeu dans un cadre de confiance ;

3. recevoir une reconnaissance *via* un CV *soft skills* ;
4. être invité à des entretiens d'embauche sur la base de ses *soft skills* ;
5. le cas échéant, vivre un parcours de formation complémentaire pour muscler son profil avant de faire un entretien.

Les résultats proposés présentent des signaux encore plus intéressants que ceux du projet APPEE :

- 80 % de sorties positives (principalement emploi) sur une première cohorte de vingt-quatre bénéficiaires ;
- gain de confiance en soi et en sentiment d'efficacité personnelle pour l'ensemble des bénéficiaires ;
- acculturation aux *soft skills* pour les recruteurs.

Les résultats de cette expérimentation en termes d'embauche sont significativement plus élevés que ceux obtenus dans d'autres dispositifs d'insertion avec pourtant les mêmes outils. Cela découle de l'acculturation des recruteurs qui ont été préparés à évaluer les compétences des candidats par le prisme des softs skills. Le fait de plonger les candidats dans des mises en situation immersives pour tester leurs *soft skills* a révélé sa pertinence : les *soft skills* s'activent en effet quand un individu n'a pas de réponse prédéfinie en face d'une situation imprévue. La dimension collective du jeu a en outre permis de faire ressortir les compétences relationnelles, fondamentales dans le développement des *soft skills*.

Le fait de partir de situations professionnelles concrètes définies par les recruteurs pour définir les capacités les plus essentielles à un secteur a permis une appropriation du référentiel et un ancrage immédiat dans la réalité opérationnelle. Par ailleurs, le fait d'impliquer les recruteurs dans la conception des jeux de mise en situation les a poussés à s'approprier le référentiel proposé.

L'expérimentation a révélé qu'il était possible de créer des jeux de recrutement pertinents à l'échelle d'un secteur plutôt que d'un métier, ce qui permet d'opérer avec une granularité large sans devoir créer des centaines de formats spécifiques.

Le recrutement par mise en situation fournit un support non discriminant d'évaluation des compétences par rapport au CV. Néanmoins, la matérialisation par un support concret donne un élément sécurisant à la fois pour le candidat et le recruteur.

CHAPITRE 20

La technologie au service du développement des *soft skills*

Sur le marché, il est possible d'identifier deux grandes approches[1] mobilisées par les entreprises de technologie relatives au développement des *soft skills* :

- l'éveil (1) : ces solutions visent à faire prendre conscience aux utilisateurs des *soft skills* dont ils disposent, pour leur permettre de les décrire, les justifier et leur accorder une importance spécifique en pleine conscience. Ces solutions partent notamment du constat que le développement des *soft skills* est le travail d'une vie, et nécessitent une prise de conscience des différents concepts en lien avec soi.
- le développement actif (2) : ces solutions visent à favoriser la pratique, en proposant des actions et défis, afin de transformer progressivement les comportements des utilisateurs et faire évoluer leurs *soft skills* de manière ciblée.

1. Il existe une troisième approche : la formation aux soft skills qui consiste à proposer des cours classiques, en présentiel ou en ligne, apportant de nombreuses connaissances sur le sujet des soft skills. Certaines proposent également des jeux ou exercices pour mettre en application les concepts abordés. Nous ne détaillons pas cette dernière approche, qui se résume quasi systématiquement à des cours agrémentés de contenus et questionnaires.

Pour conclure ce chapitre, nous présentons également d'autres applications de développement des *soft skills* (3) plus difficiles à classer dans une catégorie donnée.

Le développement des *soft skills* touche à des aspects fondamentaux de l'identité et de la perception des individus. De prime abord, il pourrait sembler que la technologie n'a qu'un faible rôle à jouer dans les pédagogies de développement des *soft skills*. Le marché des solutions digitales tend pourtant à démontrer progressivement le contraire. Grâce à des plateformes engageantes, avec des contenus et exercices reposant souvent sur des bases scientifiques, la technologie prouve peu à peu sa capacité à contribuer au développement des *soft skills*, avec un atout qui lui est propre : la capacité à toucher un très grand nombre d'individus à moindre coût. Surtout, ces plateformes sont souvent des points de démarrage ou de passage ; plusieurs se combinent avec un accompagnement humain expert.

Enfin, la technologie permet une utilisation en autonomie, généralement augmentée par un accompagnement humain en complément.

1. LES APPLICATIONS D'ÉVEIL AUX *SOFT SKILLS* : HESTER ET JOBREADY

Ces deux applications ont pour particularité d'avoir été fondées par des équipes de recherche en psychologie, soucieuses de bien distinguer les différents concepts utilisés dans l'approche des *soft skills*. Assez proches dans leur conception scientifique, elles se distinguent par leur expérience d'utilisation et par les populations visées.

Hester

Hester est une application d'inspiration et d'auto-identification des *soft skills* développée par l'entreprise française JobTeaser, à destination des jeunes de l'enseignement supérieur en Europe. Hester n'est pas une application de développement des *soft skills* au sens propre du terme. En effet, sa vocation première est de permettre aux utilisateurs de mettre des mots précis et des preuves en face des *soft skills* qui constituent leurs forces. À partir de travaux de recherche, l'équipe scientifique du projet a pu mettre au point le premier référentiel de *soft skills* pouvant prétendre à une approche scientifique. En reprenant les avancées de référentiels empiriques très documentés (O*NET, ESCO, ROME, eLene4work), et au moyen d'analyses quantitatives poussées, JobTeaser a pu bâtir et documenter un référentiel permettant de segmenter scientifiquement l'ensemble des *soft skills* en dix grands construits, eux-mêmes pouvant se scinder en vingt-deux capacités. Ce référentiel, appelé Hester H10, est largement décrit dans cet ouvrage. À partir de cette littérature formalisée, il a été possible de construire une application proposant une expérience de découverte.

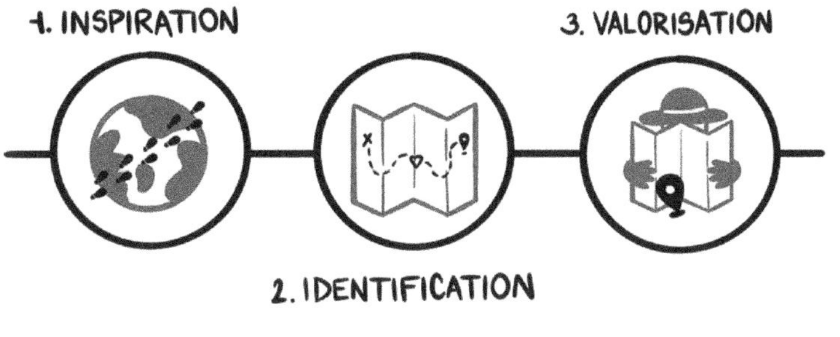

Concrètement, en une quinzaine de minutes, un utilisateur passe au travers de trois étapes actives.

1. **Inspiration** – il s'agit de sélectionner des souhaits de réalisation de vie parmi une liste de soixante objectifs inspirants. Cette étape comporte un double intérêt : elle permet à l'utilisateur de se projeter au-delà du présent ou du simple cadre du travail, et également d'adopter une attitude positive quant à ce qu'il est en train de faire, afin de créer un engagement plus fort.
2. **Identification** – il s'agit de sélectionner des situations déjà vécues parmi une liste générique de situations sollicitant des *soft skills*. Ces situations peuvent correspondre à un moment survenu dans n'importe quel aspect de la vie. Cette approche permet de faciliter l'identification des *soft skills*. En effet, s'il est compliqué d'expliquer en quoi nous sommes créatifs, il est mentalement bien plus simple de savoir si on a déjà proposé une idée lors d'un brainstorming, par exemple. En inversant la logique de justification grâce à l'approche mémorielle, il est possible de faire émerger de nombreux talents normalement difficiles à exprimer. Cette étape permet d'identifier la maîtrise approximative de l'utilisateur pour chacune des vingt-deux capacités du modèle Hester H10, afin de hiérarchiser les *soft skills* par niveau de maîtrise.
3. **Valorisation** – il s'agit de relier les situations vécues au contexte concret, qui peut être par exemple une activité dans un emploi, un événement en vacances, ou une situation dans son association sportive. Puisque nous utilisons des *soft skills* dans tous les aspects de la vie, il faut être prêt à aller les chercher dans tous nos souvenirs. Par souci de temps, et pour conserver l'engagement, ce travail n'est requis que pour les trois *soft skills* ayant le plus haut niveau de maîtrise.

Au terme de ces trois étapes, l'utilisateur peut télécharger immédiatement son rapport complet, riche de plus de quarante pages. Ce document reprend les grandes définitions pour chacune des dix *soft skills* et vingt-deux capacités, en proposant pour chacune le contexte propre à l'utilisateur. Des conseils génériques sont proposés afin de développer chaque capacité, et l'utilisateur peut trouver une fiche résumée pour simplifier sa préparation aux entretiens d'embauche.

> Pour en savoir plus : https://hester.jobteaser.com/fr

JobReady

JobReady est un programme numérique et présentiel qui vise à identifier et valoriser les compétences transversales, dites « *soft skills* », pour donner plus de chances à l'accès à l'emploi. Il permet de clarifier les compétences des personnes étudiantes, engagées dans des missions bénévoles ou d'emploi, ou celles des personnes qui sont en quête d'insertion professionnelle. La définition des *soft skills* proposée est la suivante : elles désignent les capacités ou les aptitudes d'une personne qui ont été façonnées dans l'expérience vécue. On les appelle aussi compétences transversales car elles sont requises dans différents univers.

En partant du postulat qu'aucun diplôme ne peut retranscrire tout ce que la vie nous a appris, JobReady propose de traduire en compétences ces expériences de vie. Trente-cinq mille badges en circulation permettent de qualifier et certifier ces talents. Un *chatbot* permet de raconter tout son parcours de vie. Son rapprochement automatique avec le référentiel de compétences (eLene4work) puis des actions d'auto-évaluation ou de questionnements des pairs permettent d'obtenir les open-badges qui seront ensuite diffusés sur le CV ou les réseaux sociaux (LinkedIn par exemple).

Et parce qu'un outil digital unique ne peut appréhender tout le champ d'une question si humaine, le programme est présent sur tous les territoires couverts en présentiel par l'association Article 1, la plateforme digitale ouverte et gratuite : www.jobready.fr se complète d'ateliers sur la compréhension du concept et la connaissance de soi et d'actions à destination des professionnels du recrutement et de l'insertion.

Pour en savoir plus : www.jobready.fr

2. LA SOLUTION ZE.GAME ET SON APPROCHE DES BASES IDENTITAIRES

Ze.game est une solution hybride d'évaluation et de développement des *soft skills* fondée par Boris Sirbey et le collectif CollectivZ en 2018. Elle a pour objectif de répondre aux enjeux de transformation du travail. La plateforme ze.game est composée d'un portail Web, d'une appli mobile, d'un jeu de cartes physique et d'une interface administrateur pour créer des communautés apprenantes. Le fil rouge des parcours proposés dans ces communautés est le voyage du héros. Ce modèle élaboré par le mythologue américain Joseph Campbell a largement fait ses preuves pour engager les individus autour d'une cause porteuse de sens tout en renforçant leur confiance en eux-mêmes et en stimulant le développement de leurs compétences.

La réalisation des challenges va d'un niveau 1 à un niveau 5. Le niveau 1 prend moins d'une demi-heure et permet d'entrer dans un sujet ; le niveau 5 se traduit par un impact positif majeur sur le sujet donné (créer cinq jardins partagés, mettre en place avec succès la gestion de projet agile dans une entreprise, etc.). Les joueurs progressent dans l'aventure en relevant collectivement ces challenges qui les rapprochent de leur héros intérieur. Les parcours sont vécus en équipes apprenantes de huit joueurs. L'engagement demandé pour les parcours est très léger : il représente une séance de deux heures tous les quinze jours en moyenne sur six mois, au cours desquelles les joueurs se retrouvent en présentiel ou en distanciel pour accepter de nouveaux challenges et parler de ceux qu'ils ont réalisés. Il leur est possible de réaliser ces défis en équipe, en sous-groupes ou individuellement. Ils sont accompagnés par l'application qui fonctionne alors en micro-coaching.

Ces parcours sont certifiants : lorsque l'apprenant a fini un parcours, il est évalué en 360° et reçoit une certification de son niveau en absolu sur les *soft skills via* un référentiel de 175 manifestations observables.

Cette certification s'accompagne de la création d'un CV *soft skills* qui peut être utilisé en recrutement sans passer par le CV classique, la plateforme proposant aux entreprises d'utiliser des modes de recrutement basés sur la mise en situation par le jeu.

L'outil ze.game a été testé auprès de douze communautés pionnières (APPEE avec Est Ensemble, In&Off avec la Maison de l'emploi de Marseille, Itinéraire compétences en région Grand Est, le programme Performance Par la Confiance qui porte la transformation interne de Pôle Emploi, Bouygues, Human(s)Matter, Lippi, WeAreOne…). Parmi elles, deux dispositifs « 100 % inclusion » et une communauté apprenante régionale ont joué et amélioré en continu la méthode jusqu'à en faire un parcours efficient. La solution a été testée auprès d'un public de plus d'un millier de joueurs avec des profils diversifiés (dirigeants, managers, collaborateurs, entrepreneurs, indépendants, jeunes, publics PIC…) aussi bien auprès d'entreprises, d'associations que d'organismes publics. Tous les partenaires qui ont testé la solution envisagent aujourd'hui de la passer à l'échelle, ce qui en démontre la pertinence.

Bien que ze.game propose des parcours individuels, ceux-ci s'inscrivent dans le cadre d'une communauté et d'une équipe. La transformation suscite des réactions psychologiques et biologiques génératrices d'inconfort ; la meilleure manière de l'accompagner est de créer des cadres collectifs de confiance. Ce qui est au cœur de ce modèle est donc la notion de sécurité psychologique et d'estime de soi. Cette capacité à créer des cadres de sécurité psychologique permet de travailler à un niveau identitaire dans une atmosphère ludique. C'est ainsi que les joueurs peuvent apprendre en autonomie, sortir de leur zone de confort et développer leurs compétences en continu à partir des situations quotidiennes. Une fois acquise, cette confiance alimente le développement des compétences cognitives puis techniques.

Pour en savoir plus : www.ze.game

3. D'AUTRES APPLICATIONS DE DÉVELOPPEMENT DES *SOFT SKILLS*

Ces trois dernières années, de nombreuses applications de développement des *soft skills* ont émergé sur le marché. Rien qu'en France, on en compte une bonne douzaine. Chaque plateforme a sa propre conception des *soft skills*, mêlant parfois valeurs, compétences et traits de personnalité. Néanmoins, elles se rejoignent presque toutes sur les modalités mises en avant pour développer les *soft skills* : proposer à l'utilisateur des défis à relever, puis l'accompagner *via* des feedbacks et des recommandations dans la prise de conscience et les bonnes pratiques à en tirer.

Aucune de ces start-up n'adopte une approche scientifique au sens académique du terme : chaque initiative s'approprie librement le concept de *soft skills*, associant des concepts à des compétences, comme la confiance en soi à l'empathie, par exemple. Ces applications se veulent avant tout portées sur l'action, sans attendre un cadre rigoureux sur ce sujet fluctuant et imprécis des *soft skills*.

Si ces start-up montrent pour certaines des résultats intéressants, le manque de rigueur dans l'approche des concepts pointe encore plus le besoin d'un cadre pour permettre au marché de construire sur des bases reconnues. Ci-dessous, nous avons listé les start-up technologiques les plus actives sur le marché du développement des *soft skills*.

Hello Elton

Hello Elton est une start-up technologique française de l'économie sociale et solidaire fondée par Stéphane Pomarès en 2019, et qui compte une dizaine de collaborateurs fin 2021. L'entreprise part du constat que les formations en *soft skills* ne sont pas accessibles au plus grand nombre, et permettent peu la mise en pratique. La start-up cherche à placer la motivation au cœur de l'apprentissage, en proposant un parcours appliqué de développement des relations sociales et du sentiment de reconnaissance, parmi d'autres *soft skills*. Sur la plateforme, les utilisateurs peuvent trouver de nombreux défis à relever, dans un catalogue de douze compétences en intelligence émotionnelle, relationnelle et leadership. Un parcours réflexif permet à l'utilisateur de progresser à son rythme grâce aux feedbacks, au tableau de bord et aux recommandations personnalisées. Selon la start-up, l'utilisation de techniques d'influence ou nudges permet de favoriser le passage à l'action sur l'application.

Pour en savoir plus : www.helloelton.com

Fifty

Fifty est une start-up technologique française fondée en 2018 par Alexia Cordier, Clément Lavolle et Jérémy Salmon, qui compte une dizaine de collaborateurs fin 2021. Fifty résout le problème du passage à l'action dans les formations et les transformations. Leur solution eDoing ancre les nouveaux comportements au niveau individuel et collectif. Elle combine sciences comportementales (nudge), algorithme apprenant et intégration aux outils du quotidien (Agenda, SMS, Teams...). La plateforme recommande aux collaborateurs des micro-actions personnalisées, appelées défis ; aide à les réaliser dans leur vie quotidienne grâce aux fonctionnalités de nudge ; et mesure le changement comportemental. Fifty intervient notamment sur les thèmes suivants : management et leadership, nouvelles façons de travailler, valeurs d'entreprise, diversité et inclusion, *soft skills*. En 2020, la société est classée n° 1 des HR Tech Formation (Akoya 2020) et compte parmi ses investisseurs Xavier Niel et Olivier Sibony.

> Pour en savoir plus : www.fifty.do

Microdoing

Microdoing souhaite révolutionner et réinventer la manière d'apprendre et de se développer. Pour cela, chaque apprenant va évoluer à son rythme dans un parcours individuel, recevant *via* une application mobile des contenus pédagogiques actionnables à débriefer sur l'application et durant des sessions collectives ou individuelles avec des coachs/experts. Cette méthode permet de travailler sur l'ensemble du modèle d'apprentissage (70-20-10). Elle couvre plus de cinquante *soft skills*, est hautement personnalisée (nudge) et permet de développer de véritables automatismes pour conserver ses *soft skills* à vie.

> Pour en savoir plus : www.microdoing.com

Hypnoledge

Hypnoledge naît en 2019 de la volonté des fondateurs d'accompagner et d'aider le plus grand nombre à se dépasser, à évoluer et à se transformer au travers de l'apprentissage et du travail sur ses schémas inconscients. La start-up propose une application innovante permettant l'apprentissage des langues étrangères et des softs skills sous hypnose. Le processus d'hypnose permet d'aider l'apprenant à libérer son potentiel et ses capacités, pour optimiser le processus d'apprentissage et favoriser un meilleur rapport à soi-même. L'expérience utilisateur de l'application a été imaginée et développée afin que l'hypnose agisse sur plusieurs dimensions majeures de l'apprenant.

- **Cognitive** – la littérature scientifique permet de montrer que l'hypnose augmente significativement les capacités de concentration, d'attention et de mémorisation. Ainsi, l'écoute sous hypnose au cœur de l'application permet d'accélérer l'acquisition et l'intégration de nouveaux concepts.
- **Neurologique** – l'hypnose permet de réduire l'agitation mentale et d'optimiser le processus d'analyse consciente, ce qui a pour effet de permettre à l'apprentissage inconscient, plus puissant, d'entrer en action.
- **Psychologique et émotionnelle** – l'application a été imaginée pour pousser l'individu à travailler sur lui-même, ses blocages et ses *soft skills*. C'est ainsi qu'en parallèle de la dimension « Learning », il accède au sein de la plateforme à la dimension « Human ». C'est ici qu'il accédera dans son parcours à des séances d'hypnose uniques appelées Hypnoboost. Le but de ces séances est de lui permettre de libérer ses blocages (peurs, croyances limitantes, blocages passés inconscients) et de modifier les programmes et schémas structurant sa relation à lui-même et à l'extérieur, en vue de construire de nouvelles relations et modèles d'actions plus performants (*soft skills*, confiance, estime de soi, etc.).

Pour en savoir plus : www.hypnoledge.com

Conclusion

Dans le cadre de cet ouvrage, nous n'avons pas voulu céder à la facilité en vous proposant une approche instrumentale des softs skills (« adoptez cet outil et en quelques heures votre collaborateur maîtrisera cette compétence ») ou en adoptant une approche marketing (« nous vous proposons une méthode révolutionnaire pour développer la capacité à apprendre de vos équipes »). Le sujet est trop important et ne mérite pas un tel traitement. D'autant plus que, comme nous l'avons rappelé précédemment :

1. il n'existe pas, d'une part, de consensus sur ce que sont les *soft skills*, que ce soit en France ou à l'étranger. En conséquence, il s'avère difficile de construire un système cohérent d'évaluation et de développement des *soft skills* ;
2. d'autre part, les différentes recherches scientifiques ne permettent pas d'aboutir à une méthode providentielle (« *one best way* ») considérée comme la meilleure et qui pourrait s'appliquer quel que soit le contexte.

UNE DÉFINITION POUR QUOI FAIRE ?

Aboutir à une définition largement partagée reste une gageure. À titre personnel, en procédant par itération, nous sommes arrivés à un consensus qui nous conduit collectivement à définir les *soft skills* comme des compétences réflexives :

- qui impliquent une dimension de métacognition, par opposition aux compétences purement applicatives, qui répondent à une manière standardisée de procéder ;
- qui nous permettent d'agir avec succès (actions concrètes observables aboutissant à un niveau de performance attendu) ;

- dans un contexte sociotemporel donné (adaptation à un contexte : une *soft skill* n'existe qu'en résonance avec un contexte donné. L'acteur doit donc faire preuve d'une intelligence de situation) ;
- en sollicitant avant tout nos capacités à réfléchir et à interagir avec autrui.

C'est pourquoi les *soft skills* ne doivent pas être confondues avec d'autres concepts tels que les traits de personnalité, les moteurs de motivation ou autres construits plutôt statiques qui définissent ce que nous sommes, et pas comment nous sommes en mesure d'agir. C'est aussi la raison pour laquelle nous préférons parler de *soft skills* plutôt que de compétences du XXIe siècle, lesquelles intègrent de nombreux autres concepts ne relevant pas des *soft skills*, comme la capacité à écrire ou compter par exemple.

DÉVELOPPER DES *SOFT SKILLS* : UNE QUÊTE HUMAINE DEPUIS LA NUIT DES TEMPS

Depuis cinq mille ans, et sans doute depuis l'apparition de l'espèce humaine sur terre, nous avons souvent cherché à nous améliorer aussi bien à titre individuel que collectif. Sans surprise, fort de nos retours d'expérience, certaines techniques et méthodes pédagogiques efficientes ont émergé pour développer les *soft skills*. Aujourd'hui, il ne s'agit pas de « réinventer la roue » mais d'intégrer le meilleur des différentes approches pédagogiques identifiées tout en les « augmentant », en tirant parti des progrès technologiques et de notre connaissance sur le fonctionnement du cerveau.

À ce titre, les approches développées, et notamment celles que nous avons présentées dans cet ouvrage, qu'elles aient été développées au sein de l'Éducation nationale, en région, à l'étranger, dans le cadre d'entreprises, d'associations ou encore de start-up, doivent être vues comme un portefeuille d'approches et de ressources mobilisables à la disposition des acteurs. À charge pour un architecte pédagogique ou un individu de savoir comment les combiner efficacement (designer de parcours) en fonction du contexte et en répondant à quelques questions clés.

- Quel est le projet d'apprentissage de l'individu ? Est-il formalisé ? Les objectifs sont-ils clairement définis ? S'est-il mis en posture réflexive ?
- Quel est le niveau actuel de l'individu sur la ou les *soft skills* ciblées ? A-t-il réalisé une auto-évaluation ? Est-il lucide sur lui-même (positionnement au bon niveau, identification de ses points forts et de ses actes d'amélioration prioritaire ?) Est-il capable d'atteindre les objectifs d'apprentissage (niveau de challenges, niveau d'ambition) ?
- Quel est son niveau d'autodétermination ? Dans quelle mesure a-t-il besoin d'être accompagné ? Peut-il apprendre par lui-même ? Est-il acteur de son développement ?
- Comment aime-t-il apprendre (style d'apprentissage préférentiel, niveau de confiance en soi, rapport à l'échec et à la prise de risque, au savoir, à la lecture et au digital) ?
- Quelles sont ses capacités d'apprentissage (ressources, appuis, communauté…) ?
- Qui dans son entourage peut/va l'accompagner dans son apprentissage ?

DÉVELOPPER SES *SOFTS SKILLS* N'EST PAS UNE OPTION

Dans l'histoire de l'humanité, c'est d'abord le réflexe de survie (le darwinisme, ou la loi du plus adaptable) qui a conduit l'espèce humaine à se développer. Dans les pays occidentaux, dans la deuxième partie du XXe siècle, les progrès techniques ont donné le sentiment qu'une approche industrielle de la compétence (se conformer à une norme, privilégier les *hard skills*, adopter une approche instrumentale du développement) était possible, reléguant les *soft skills* au rang de compétences secondaires.

De plus en plus, notre environnement VUCA, ainsi que l'obsolescence accélérée des compétences sous l'influence des technologies, ont remis les *soft skills* au centre, les consacrant comme des éléments clés de la performance individuelle et collective. Si une organisation veut perdurer, elle doit démontrer des capacités à exceller dans le présent, à s'améliorer continuellement et à innover pour se démarquer. Si un individu veut préserver son employabilité, il doit savoir faire preuve de performance opérationnelle à court terme, tout en restant attentif à l'avenir (identifier les signaux faibles et s'y préparer) et au présent (délivrer, créer, prototyper). Pour y parvenir, il doit alors déployer toute une série de *soft skills* que nous avons largement détaillées.

LE DÉVELOPPEMENT AU SERVICE D'UN MEILLEUR ALIGNEMENT PERSONNEL ET D'UNE CONTRIBUTION POSITIVE ENVERS LES AUTRES

Mais la course aux *soft skills* ne nous entraîne-t-elle pas dans une quête de la perfection dans laquelle chacun risque de s'épuiser ? Sous couvert de développement, ne vit-on pas plutôt une injonction à la performance ? Le collaborateur lambda n'est-il pas en train de devenir un sportif de haut niveau, au risque de l'usure professionnelle et d'un modèle de performance peu durable ? À quel point le besoin de performance individuelle et collective se connecte-t-il à l'importance du bien-être de chacun, et d'un « savoir-vivre-ensemble » réinventé ?

En pleine conscience de ces problématiques, nous avons choisi de considérer cet ouvrage comme un appel à une approche « humaniste » des *soft skills*. Développer ce type de compétences doit avoir pour objectif premier un meilleur alignement avec soi-même (mettre en congruence sa tête, son cœur et son corps) et avec son environnement. Il s'agit de se développer en vue d'agir envers les autres et envers soi-même de manière vertueuse. Développer les *soft skills* : ce n'est pas chercher à augmenter sa puissance extérieure mais progresser sur le long chemin de la « paix intérieure ». Nous devons reconquérir notre propre souveraineté afin de créer de la valeur autour de nous. Alors peut-être accepterons-nous notre finitude, et apprécierons-nous la valeur et l'importance de notre contribution potentielle au monde.

Bibliographie

ABRAMI, P. C., BERNARD, R. M., BOROKHOVSKY, E., WADDINGTON, D. I., WADE, C. A., PERSSON, T., « Strategies for teaching students to think critically », *Review of Educational Research*, 85, 2015, pp. 171-204.

ACAR, O. A., TARAKCI, M., KNIPPENBERG, D., « Creativity and Innovation Under Constraints: A Cross-Disciplinary Integrative Review », *Journal of Management*, 45(1), 2019, pp. 96-121.

AGARS, M. D., KAUFMAN, J. C., DEANE, A., SMITH, B., « Fostering individual creativity through organizational context: A review of recent research and recommendations for organizational leaders », *in* MUMFORD, M. C., *Handbook of organizational creativity*, San Diego Academic Press, 2012, pp. 271-291.

ALLEN, M., BERKOWITZ, S., HUNT, S., LOUDEN, A., « A meta-analysis of the impact of forensics and communication education on critical thinking », *Communication Education*, 48(1), 1999, pp. 18-30.

AMABILE, T. M., « A model of creativity and innovation in organizations », *Research in Organizational Behavior*, 10, 1988, pp. 123-167.

AMABILE, T. M., *Creativity in context*, Westview Press, 1996,

AMABILE, T. M., « Motivating Creativity in Organizations: On Doing What You Love and Loving What You Do », *California Management Review*, 40(1), 1997, pp. 39–59.

AMABILE, T. M., PRATT, M. G., « The dynamic componential model of creativity and innovation in organizations: Making progress, making meaning », *Research in Organizational Behavior*, 36, 2016, pp. 157-183.

ANDERSON, N., POTOČNIK, K., BLEDOW, R., HÜLSHEGER, U., ROSING, K., *Innovation and Creativity in Organizations*, 2017.

Antonczyk, D., Fitzenberger, B., « Can a Task-Based Approach Explain the Recent Changes in the German Wage Structure? », *Journal of Economics and Statistics*, vol. 229, issue 2-3, 2009, pp. 214-238.

Archibugi, D., Lundvall, B., *The Globalizing Learning Economy*, Oxford University Press, 2002, retrieved from http://econpapers.repec. org/bookchap/oxpobooks/9780199258178.htm.

Arnaud, B., Mellet, M., Pierre, P., « Devenir une organisation apprenante », *in* Barabel, M., Meier, O., Perret, A., Teboul A., *Le Grand livre de la formation*, Dunod, 2020.

Artige, L., Lubart, T., « Economic perspectives on creativity », *in* Runco, M.A., Pritzer, S., *Encyclopedia of creativity*. New York Academic Press, 2016.

Bachet, F., Larcebeau, S., Ledoux, V., Léon, A., Leplat J., Reuchlin M., Valin E. V., « Psychologie appliquée », *L'année psychologique*, vol. 55, n° 1, 1995, pp. 486-487.

Bandura, A., « La théorie sociale cognitive : une perspective agentique », *in* Carré, P., *Traité de psychologie de la motivation : Théories et pratiques*, Dunod, 2019, pp. 13-45.

Barabel M., Meier, O., Perret, A., Teboul, T., *Le Grand Livre de la Formation*, Dunod, 2020.

Barabel, M., Lamri, J., Meier, O., Sirbey, B., *Innovations RH*, Dunod, 2016.

Barrett, D. J., « Strong Communication Skills a must for today's leaders », *Handbook of Business Strategy*, Emerald, 2006, pp. 385-390.

Beatty, M. J., Payne, S. K., « Listening comprehension as a function of cognitive complexity: A research note », *Communication Monographs*, 51, 1984, pp. 85-89.

Bennet, N., Lemoine, J., « What VUCA really means for you », *Harvard Business Review*, vol. 92, n° 1/2, 2014.

Benson, G. S., Finegold, D., Mohrman, S. A., « You Paid for the Skills, Now Keep Them: Tuition Reimbursement and Voluntary Turnover », *Academy of Management Journal*, 47(3), 2004, pp. 315–331.

Besançon, M., Lubart, T., « Psychologie de la créativité : place de la créativité dans les apprentissages », *in* Aden, J., *Apprentissage des langues et pratiques artistiques, Créativité, expérience esthétique et imaginaire,* Éditions Le Manuscrit, 2008, pp. 243-261.

Bourguignon, A., « Sous les pavés la plage... ou les multiples fonctions du vocabulaire comptable : L'exemple de la performance », *Comptabilité-Contrôle-Audit*, tome 3, vol. 1, 1997, pp. 89-101.

Bruchon-Schweitzer, M., Boujut, É., *Psychologie de la santé : concepts, méthodes et modèles*, Dunod, 2014.

Buisson, F., *Dictionnaire de pédagogie et d'instruction primaire*, Hachette, 1887.

Carmeli, A., Schaubroeck, J., « The Influence of Leaders' and Other Referents' Normative Expectations on Individual Involvement in Creative Work », *Leadership Quarterly*. 18(1), 2007, pp. 35-48.

Corazza, G., Lubart, T., « Intelligence and Creativity: Mapping Constructs on the Space-Time Continuum », *Journal of Intelligence*, 9(1):1, 2021, retrieved from http://dx.doi.org/10.3390/jintelligence9010001.

Coulon, G., *L'enfant en Gaule romaine*, Éditions Errance, 1994.

Cristol, D., « Les limites des compétences du XXIe siècle », Cursus.edu, 13 janvier 2019, https://cursus.edu/fr/12182/la-limite-des-competences-du-xxieme-siecle

Crockett W. H., « Cognitive Complexity And Impression Formation », *Progress In Experimental Personality Research*, 2, 1965, pp. 47-90.

Csikszentmihalyi, M., *Creativity*, Harper Collins, 1996.

Damanpour, F., « Organizational innovation: A meta-analysis of effects of determinants and moderators », *Academy of Management Journal*, 34, 1991, pp. 555-590.

Darcos, X., *L'école de Jules Ferry 1880-1905*. Hachette Littératures, 2005.

De Montmollin, M., *L'intelligence de la tâche, éléments d'ergonomie cognitive*, Peter Lang, 1984.

DECKER, B., *How to communicate effectively,* Kogan Page, 1989.

DUL, J., « Necessary Condition Analysis (NCA): Logic and Methodology of "Necessary but Not Sufficient" Causality », *Organizational Research Methods*, vol. 19(1), 2016, pp. 10-52.

DUMOUILLA, A., LAMRI, J., *Digitaliser l'orientation professionnelle,* Dunod, 2021.

FACIONE, P. A., « Critical thinking: A statement of expert consensus for purposes of educational assessment and instruction », *The Delphi report*, California Academic Press, 1990.

FERRARI, A., CACHIA, R., PUNIE, Y., « Innovation and Creativity in Education and Training in the EU Member States: Fostering Creative Learning and Supporting Innovative Teaching? Literature review on Innovation and Creativity in E&T in the EU Member States (ICEAC) », Office for Official Publications of the European Communities, 2009.

FERRÉOL, G., *Dictionnaire de sociologie,* Armand Colin, 2010.

FLANAGAN, J. C., « The critical incident technique », *Psychological Bulletin*, 51, 1954, pp. 327-358.

FOX, S., « Leapfrog Skills: Combining Vertical And Horizontal Multi-Skills To Overcome Skill Trade-Offs That Limit Prosperity Growth », *Technology in Society*, 47, 2016, pp. 129-139.

FREY, C. B., OSBORNE, M., « The Future Of Employment: How Susceptible Are Jobs To Computerisation? », Oxford Martin Programme on Technology and Employment, 2013.

FUKUGAWA, N., « Determining Factors In Innovation Of Small Firm Networks: A Case Of Cross Industry Groups In Japan », *Small Business Economics*, 27, 2006, pp. 181-193.

GAVOILLE, J., *Du maître d'école à l'instituteur.* Presses Universitaires de Franche-Comté, 2010.

GEAY, A., *L'école de l'alternance,* L'Harmattan, 1998.

GLASSNER, A., SCHWARZ, B. B., « What Stands And Develops Between Creative And Critical Thinking? Argumentation? », *Thinking Skills and Creativity*, 2-1, 2007, pp. 10-18.

GRACE, W., « Values, Vision, Voice, Virtue: The 4'V Model For Ethical Leadership Development », Annual International Conference of the National Community College Chair Academy, Phoenix, 1996.

GREIFF S., KYLLONEN P., « Contemporary Assessment Challenges: The Measurement of 21st Century Skills », *Applied Measurement in Education*, 29(4), 2016, pp. 243-244.

HALPERN, D. F., « Thinking Critically About Creative Thinking », *in* RUNCO M. A., *Perspectives on creativity research. Critical creative processes*, Hampton Press, 2003, pp. 189-207.

HANOVER RESEARCH, « A Crosswalk of 21st Century Skills », accessed May, 22nd 2018, 2012 : http:// www.hanoverresearch.com/wp-content/up loads/2011/12/A-Crosswalk-of-21st-Century- Skills-Membership.pdf.

HAYES J. R., « Cognitive Processes in Creativity? », *in* GLOVER J. A., RONNING R. R., REYNOLDS C. R., *Handbook of Creativity? Perspectives on Individual Differences*, Springer, 1989.

HIGGINS, E., *Beyond Pleasure and Pain: How Motivation Works*? Oxford Press, 2012.

HILGARD, E. R., « The Trilogy Of Mind: Cognition, Affection, Conation », *Journal of the History of the Behavioural Sciences*, 16, 1980, pp. 107-117.

HUANG, M. H., RUST, R., MAKSIMOVIC, V., « The Feeling Economy: Managing in the Next Generation of Artificial Intelligence », *California Management Review*, 61(4), 2019, pp. 43-65.

HUNTER, S. T., BEDELL, K. E., MUMFORD, M. D., « Climate For Creativity: A Quantitative Review », *Creativity Research Journal*, 19, 2007, pp. 69-90.

IOWA CORE, « K-12 21st Century Skills, Essential Concepts and Skills with Details and Examples », 2012, accessed online on March 29th 2019: https://iowacore.gov/sites/default/files/k-12_ 21stcentskills.pdf.

Isaksen, S. G., Ekvall, G., « Managing for Innovation: The Two Faces of Tension in Creative Climates », *Creativity and Innovation Management*, 19(2), 2010, pp. 73-88.

Jackson, P. W., Messick, S., « The Person, the Product, and the Response: Conceptual Problems in the Assessment of Creativity », *Journal of Personality*, 33(3), 1965, pp. 309-29.

Kampylis, P., « Fostering creative thinking, The role of primary teachers », *Jyväskylä Studies in Computing*, vol. 115, 2010.

Kampylis, P., Valtanen, J., « Redefining Creativity, Analyzing Definitions, Collocations, and Consequences », *Journal of Creative Behavior*, 44(3), 2010, pp. 191-214.

Kaufman, H. G., *Obsolescence & Professional Career Development*, Amacom, 1974.

Kaufman, J. C., Begheto, R. A., « Beyond Big and Little: The Four C Model of Creativity », *Review of General Psychology*, 13(1), 2009, pp. 1-12.

Kaufmann, W., *Goethe, Kant, and Hegel: Discovering the Mind*. Routledge, 1991.

Kaufmann, W., *Nietzsche, Heidegger, and Buber*, Routledge, 1991.

Kaufmann, W., *Freud, Alder, and Jung: Discovering the Mind*, Routledge, 1992.

Kivunja, C., *Teaching, Learning and Assessment: Steps towards Creative Practice*, Oxford University Press, 2015.

Kuncel, N. R., Rose, M., Ejiogu, K., Yang, Z., « Cognitive ability and socio-economic status relations with job performance », *Intelligence*, 46, 2014, pp. 203-208.

Lai, E. R., « Collaboration: A Literature Review », Pearson, 2011, retrieved from http://ed.pearsonassessments.com/hai/images/tmrs/Collaboration-Review.pdf.

Lamri, J., *Les Compétences du xxie siècle*, Dunod, 2018.

LAMRI, J.,« *Relationship Between 21st Century Skills and Executives and Managers Professional Performance* », thèse de doctorat, université de Paris, 2019.

LAMRI, J., LUBART, T., « Professional Performance Based on 21st Century Skills: Necessary Conditions Analysis (NCA) », *International Journal of Creativity & Problem Solving*, 29(1), 2019, pp. 5-16.

LAMRI, J., AHMADI, N., BESANÇON, M., STANKOV, L., LEE, J., LUBART, T., « 21st Century Skills: How Performance Is Linked To Creativity, Critical Thinking, Communication and Cooperation », article soumis pour publication, 2021.

LAMRI, J., LUBART, T., « Creativity And Its Relationships With 21st Century Skills in Job Performance », *Kindai Management Review*, vol. 9., 2021.

LE BOTERF, G., *Construire les compétences individuelles et collectives*, Éditions d'organisation, 2000.

LUBART, T., MOUCHIROUD, C., TORDJMAN, S., ZENASNI, F., *Psychologie de la créativité*, Armand Colin, 2015.

MAYER, J. D., FRASIER, H., CARLSMITH, K. M., « Conation, affect, and cognition in personality », *Advances in Psychology*, 124, 1997, pp. 31-63.

MONIÉ, B., « Affirmation de soi », *in* CHAPELLE, F., MONIÉ, B., POINSOT, R., RUSINEK, S., *Thérapies comportementales et cognitives en 37 notions*, Dunod, 2018, pp. 211-217.

MONTESSORI, M., HUNT, J.M., VALSINER, J., *The Montessori Method*, Routledge, 2014.

MOOK, D. G., *Motivation: The Organization of Action*, W. W. Norton & Company, 1996.

MURRAY A.I., « Top management group heterogeneity and firm performance », *Strategic Management Journal*, vol 10, 1989, pp. 125-141.

NIEDENTHAL, P. M., KRAUTH-GRUBER, S., RIC, F., *Psychology of emotion: Interpersonal, experiential, and cognitive approaches*, Psychology Press, 2006.

Open University Innovation, « *Innovating Pedagogy 2016: Exploring new forms of teaching, learning and assessment, to guide educators and policymakers* », document en accès libre sur Internet.

Perrenoud, P., *Pédagogie différenciée, des intentions à l'action*, ESF Éditeur, 1997.

Ramachandran V. S., *Encyclopedia of the Human Brain*, Academic Press, 2002, vol. 1, pp. 839-853.

Runco, M. A., *The Dark side of creativity*, Cambridge University Press, 2010.

Verger, J., *Culture, enseignement et société en Occident aux XII*e *et XIII*e *siècles*, Presses universitaires de Rennes, 1999.

Jérémy Lamri

LES COMPÉTENCES DU 21e SIÈCLE

Comment faire la différence ?

Créativité, Communication, Esprit Critique, Coopération

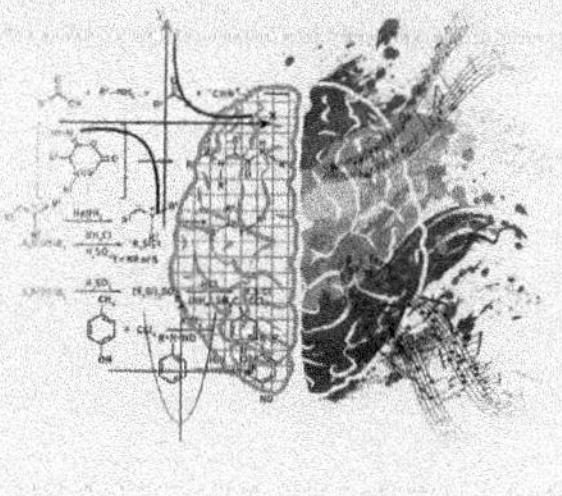

Préface de
Michel Barabel et Olivier Meier

LeLabRH

DUNOD

83092 - (II) - OSB 90° - NOC - DNN

Achevé d'imprimer en janvier 2023 par
La Nouvelle Imprimerie Laballery
58500 Clamecy (Nièvre)
N° d'impression : 301435
Dépôt légal : juillet 2022
Suite du tirage : janvier 2023

Imprimé en France